선요가

원　　저 : 대산 김대거 종사
엮고쓰다 : 김선명 교무
　　　　　안세명 교무
감　　수 : 손인철 교수(원광대학교 한의과대학교수)
일러스트 : 안세명 교무

긴장(緊張)과 이완(弛緩)은
활력을
솟게하는
진리(眞理)!

선요가에 긴장 이완을 반복시켜

육신肉身의 활력이 솟게 하는 것은 진리이다.

천지天地의 사시순환四時循環, 주야晝夜, 삼한사온三寒四溫,

음양陰陽, 한서寒暑, 호흡개폐呼吸開閉 모두가

만물을 생성시키는 원리이다.

그러므로 성인들은 이러한 도리를

알기 때문에

귀貴해도 다 받지 않고

스스로 천賤한데 거居하시고,

천賤하여도 떨어지지 않으시어 항상 귀貴하다.

〈대산종사〉 1969년(원기 54) 12월 18일

차례 Contents

들어가는 글

01 선요가란 무엇인가?
    ⅰ 선요가 강령
    ⅱ 선요가 수행에 임하는 자세
    ⅲ 선요가 단계
    ⅳ 선요가의 구성

02 선요가의 실제
    ⅰ 우주 중심 서기
    ⅱ 준비요가
    ⅲ 발성요가
    ⅳ 오단호흡
    ⅴ 전신요가
    ⅶ 도인요가

03 선요가 수행

04 대산종사 건강법문

| 들어가는 글 |

　현대사회는 고도로 발달한 물질문명으로, 의식주는 더없이 풍요로워졌으며 생활공간은 몸을 적게 움직이고도 모든 것을 해결할 수 있는 편리한 형태로 바뀌었다. 그러나 그 이면에는 넘쳐나는 일회용품과 인스턴트 식품, 패스트푸드, 노동의 가치 상실로 인간은 소외되고 아토피와 비만, 스트레스와 우울증 등 현대병에 시달리는 사람이 점점 늘고 있는 등, 인간성의 상실과 소통의 부재로 마음의 길을 잃고 헤매는 사람이 많아지고 있는 것이 현실이다. 인간의 삶을 더없이 편리하게 하는 물질문명의 발달은 인간의 정신과 육신 모두를 소외시키는 또 다른 결과를 가져왔다.

　과학 문명이 먼저 발달한 서구에서는 이러한 현실을 직시하는 지식인들을 중심으로 그 해법을 찾고자 하는 노력이 오래 전부터 있어왔다. 그리고 그 해법으로 동양의 정신문화에 주목했으며, 동양의 수련법을 배우고자 하는 노력이 활발하게 이루어졌다. 국내에서도 선禪 수련과 마음공부 프로그램이 확산되었으며 요가와 명상, 절수행 등은 큰 호응을 얻고 있다.

'선요가'는 원불교 3대 종법사인 대산 김대거 종사가 오랜 투병기간에 스스로 익힌 수행법에 요가의 방법을 더하여 완성한 것이다. 대산 김대거 종사大山 金大擧 宗師는 30대에 건강을 잃어 오랫동안 몸과 마음을 안정하는 휴양을 하였다. 건강을 회복하기 위하여 처음에는 마찰법을 통한 도인법(導引法)을 주로 하였고 그 후 지압을 받았는데 지압은 타력에 의한 것이므로 자력을 세워야 한다고 생각하여 요가를 실행하였다. 이후 1977년(원기 62)부터 호흡법과 서서하는 요가를 창안하여 몇 년을 두고 해 보고 고치기를 반복하여 '선요가'를 만들게 되었다.

대산 종사의 '선요가'는 원기 74년(1989) 6월 24일 법무실에서 교화부와 함께 《원불교 요가선》이란 책자로 체계화된 내용을 보급하였다. 이후 원기 79년(1994) 4월 교정원 문화부에서 《원불교 선요가》라는 이름으로 재출간하였다. 원기 85년(2000) 일원문화연구재단의 지원으로 김선명 교무가 〈원불교 요가선〉이라는 논문을 발표하였고, 원광대학교 교당의 안세명 교무가 편집한 책자(2004)가 있다.

대산 종사의 선요가는 제목에서도 알 수 있듯이 단순히 몸을 유연하게만 하는 요가가 아니다. 선禪과 요가의 병행을 통해 몸과 마음을 동시에 조절하여 '몸 공부'와 '마음 공부'를 함께 할 수 있는 수행의 한 방법이기도 하다.

원불교 선禪의 큰 특징은 때와 장소를 초월하는 선無時禪 無處禪이라고 할 수 있다. 이는 고요한 시간의 좌선과, 육근六根을 통한 일 속에서 선수행禪修行을 포함하여 동動과 정靜을 아우르는 최상의 선이며, 원불교 삼학수행三學修行의 귀결점이다. 또한 수양력修養力을 얻어나가는 데에도 기질수양氣質修養과 심성수양心性修養의 두 길을 밝혀 영靈과 육肉을 아우르는 공부법을 제시하고 있다. 결국 원불교 선의 특징은 동정을 아우르는 무시선과 영과 육을 쌍전雙全하는 활선活禪이라 할 수 있다.

대산종사는 만사만리萬事萬理의 근본인 우리의 몸이 곧 색신여래色身如來의 화현이기 때문에 몸에 불공을 잘하여야 한다고 하였다. 대산종사의 '선요가'는 그 불공의 방법이다. 또한 영과 육을 쌍전하라 하신 대종사님의 정신을 실천한 표본이기도 하다. 대산종사는 도인법을 하여도, 요가를 하여도, 호흡을 하여도, 걸음을 걸어도, 굴림대(법륜대)를 굴려도 반드시 선을 한다고 하였다. 이는 '선요가'가 다만 육신의 운동만을 위한 것이 아니라 몸과 마음을 모두 온전하게 하여 생활과 공부를 함께 하도록 한 것임을 알 수 있다.

그러므로 '선요가'는 몸의 건강뿐만 아니라 마음의 깨달음을 얻는 선공부를 의미한다. 스스로 육신과 호흡과 의식을 통제할 수 있는 힘을 길러 궁극적으로는 육신과 호흡과 의식의 자유를 얻는 것이다. 이것이 '선요가'가 추구하는 바라 할 수 있다.

이러한 '선요가'를 제대로 활용하지 못하는 것이 몹시 안타깝지만 이 또한 현실이다. 이는 '선요가'가 우리에게 좀 더 친근하게 다가갈 수 있는 매체가 부족했기 때문이라고 생각한다. 일반 개인도 집에서 쉽게 활용할 수 있도록 '선요가'를 책으로 묶어 내게 되었다. 이 책은 대산종사의 선요가에 충실하고자 했으며, 더하고 뺌 없이 작업하고자 노력했다.

2014년(원기99) 대산종사 탄생 백주년을 앞두고 보은報恩사업의 염원을 담아 이 작업을 시작하였다. 이 책이 기본이 되어 더 많은 사람에게 쉽게 다가갈 수 있는 또 다른 작업이 여러 매체를 통해 이루어지길 기대한다.

김선명 · 안세명 합장

Yoga

I 선요가란 무엇인가?

01 선요가 강령

02 선요가 수행에 임하는 자세

03 선요가 단계

04 선요가의 구성

01 선요가 강령

긴장이완(緊張弛緩)
단전중심(丹田中心)
일심해탈(一心解脫)

육신통제(肉身統制)
호흡통제(呼吸統制)
의식통제(意識統制)

육신자유(肉身自由)
호흡자유(呼吸自由)
의식자유(意識自由)

육신의 자활력(自活力)
정신의 자주력(自主力)
영육쌍전(靈肉雙全)

1. 선요가 강령

가. 긴장緊張과 이완弛緩

요가를 할 때는 우리 몸을 최대한 긴장하였다가 원상태로 이완하여 완전히 풀어주어야 한다. 사람의 삶은 그 자체가 긴장하도록 되어 있다. 특히 물질문명의 사회에서 채워지지 않는 욕망의 현대를 살아가는 우리는 매순간 극도의 긴장 속에서 산다고 할 수 있다. 그러므로 몸과 마음에 쌓인 긴장을 풀어나가는 것도 공부삼아 해야만 한다.

대산종사는 '우리 몸은 그렇게 일생을 긴장하며 살다가 죽은 후에나 그 긴장을 푼다. 그러나 선은 때와 장소를 가리지 않고 생활의 긴장, 육신과 마음의 긴장을 풀어 평안하게 하니 이것이 바로 살아 있는 송장이 되는 생활법이요, 참활선眞活禪이다.' 라고 하였다.

모든 것은 극極에 달하면 변화하는 이치가 있듯이 요가를 할 때에도 여러 가지 동작으로 몸과 마음에 긴장을 주었으면 휴식을 통해 반드시 이완을 시켜주어야 한다. 즉, 오단 호흡을 할 때는 사이호흡으로 평식平息을 2-3회 하는 것으로, 선요가를 할 때에는 중간에 정리운동이나 호흡을 조절하

01 선요가 강령

는 것이 바로 긴장을 풀어내는 이완법이라 할 수 있다.

요가나 도인법의 가장 기본은 긴장과 이완, 이완과 긴장의 반복을 통해 의식통제, 호흡통제, 육신통제를 법으로 할 때 기운이 조절되고 수승화강水昇火降이 조절되며 한마음이 되어 모든 질병을 예방하고 극복할 수 있는 힘이 생긴다.

나. 단전중심(丹田中心)

우리 몸의 중심은 하단전下丹田으로 선요가에서는 하단전을 찾아 의식을 집중하는데 공을 들일 것을 강조한다. 하단전은 원정元精을 주관하는 곳으로 선요가는 단전에 일심一心을 기울여 '조정調精' 하고, 심신의 안정을 통한 정정定靜의 힘을 안착하는데 큰 도움이 된다.

원불교를 창시하신 원각성존圓覺聖尊 소태산少太山 대종사大宗師는 『정전』 '좌선법'에서, '전신의 힘을 단전에 툭 부리어 일념의 주착도 없이 다만 단전에 기운 주해 있는 것만 대중 잡되 방심이 되면 그 기운이 풀어지나니 곧 다시 챙겨서 기운 주하기를 잊지 말라' 라고 하였다. 이것은 단전을 얼마나 잘 챙기느냐에 따라 선공부의 공효功效가 달려 있다는 것이다.

다. 일심해탈(一心解脫)

무시선無時禪의 관점에서 볼 때 그 일 그 일에 잡념을 제거하고 한마음을 키우는 것이 곧 살아있는 선禪이 된다. 마찬가지로 선요가를 할 때에도 오직 한마음(一心)을 호흡과 동작에 일치시켜 나갈 때 바로 심신의 자유를 얻는 선禪이 되는 것이다.

02 선요가 수행에 임하는 자세

요가는 체조나 운동과 구별된다.
단순한 몸놀림이 아니고
동작과 호흡과 의식의 삼위일체를 통하여
정신집중과 우주합일에 도달하려 한
오래 전 인도印度에서부터 유래된 수행의 방법이다.

선요가는 이에
禪의 정신을 합하여
고도의 자아완성을 추구한다.

2. 선요가 수행에 임하는 자세

가. 몸(動作), 호흡(呼吸), 마음(意識)의 삼위일체(三位一體)가 이루어져야 한다.

선요가를 할 때에는 모든 의식을 요가 동작에 집중하여 다른 생각을 하지 말고 모든 동작은 호흡과 자연스럽게 일치시킨다. 보통은 숨을 내쉬면서 요가의 동작을 완성한다.

예를 들어 허리를 숙이는 동작을 할 때에는 먼저, 숨을 들이마신 후 내쉬면서 허리를 숙여야 하는 것이다. 이때에는 몸만 움직이는 것이 아니라 의식도 함께 움직여야 하며 요가 동작을 완성했을 때에는 반드시 들이마신 숨을 모두 내쉬어야 한다. 다시 말해 동작은 숨을 내쉬는 속도와 맞추어 이루어지는 것이다.

요가를 할 때에는 그 시간에 일심을 다해서 해야 하며 자신의 동작과 호흡과 의식 이 세 가지를 하나로 일치시키는 것이 중요하다. 이 세 가지가 온전하지 않으면 그것은 그저 운동일 뿐 선요가라 할 수 없다.

02 선요가 수행에 임하는 자세

나. 자신의 기운에 맞게 한다.

사람마다 타고난 성향과 살아 온 여정과 처한 환경이 모두 다르기 때문에 우리 몸과 마음의 상태는 같은 사람은 하나도 없다. 만인萬人이면 만인이 다 다르다.

선요가를 하다보면, 처음부터 능숙하고 유연하게 하는 사람이 있는 반면 몸이 굳어 있어 뻣뻣한 사람이 있는데, 이러한 차이는 당연한 것이다.

선요가의 동작은 수련을 통해서 서서히 완성되어 가는 것이다. 조급히 결과를 기대하거나 완성을 이루려는 욕심은 오히려 영영 수행의 길에서 멀어지는 결과를 초래할 수도 있다.

그러므로 자신의 현재 몸 상태와 마음가짐, 주위환경을 살피고 능력을 잘 파악해서 현재의 기운과 상황에 맞게 시작하여 꾸준히 숙달시켜 가는 것 외에는 다른 방법이 없으므로 쉬지 않고 오래오래 정성을 다하다보면 능숙해질 수 있는 것이다.

조급한 마음으로 하면 자칫 병을 얻을 수 있다. 조급히 이루려는 마음과 상대심을 버리고 오래오래 될 때까지 하고 또 한다는 것을 표준하여 넉넉하고 여유로운 마음으로 임해야 한다.

다. 조화(調和)를 이루어야 한다.

균형 잡힌 몸을 유지하기 위해서는 온 몸이 조화를 이루어야 하는데 우리의 육체는 평소에 잘 사용하는 부분은 활동하는데 무리가 없고 자연스러운 반면 잘 사용하지 않는 부분은 행동이 서툴고 어색하여 점점 더 사용하지 않게 되고 시간이 흐르면서 퇴화되어 간다.

조화로운 몸을 유지하기 위해서는 온 몸을 치우침 없이 균형 있게 풀어주어야 한다. 예컨대 오른쪽을 풀어줬으면 반드시 왼쪽도 똑같이 해주고 손을 풀었으면 발도 해주고 상체를 했으면 하체도 실시해서 상, 하, 좌, 우, 전, 후 전체가 고루 균형 있게 유지되고 풀어질 수 있도록 해야 한다.
균형과 조화는 우주 진리의 핵심이다. 좌와 우, 위와 아래, 앞과 뒤, 높고 낮음, 등이 어느 한쪽으로 치우치면 몸과 마음에 큰 걸림돌이 된다. 선요가를 통해 이러한 치우침을 바로 잡아 몸의 균형력(均衡力)과 마음의 조화력(調和力)을 얻을 수 있다.

02 선요가 수행에 임하는 자세

라. 반성과 감사, 그리고 행복한 마음으로 임해야 한다.

살아오는 동안 몸과 마음을 소중히 여기지 않아 한편에 치우치게 한 마음과 몸가짐을 깊이 반성하고 이 순간 정신의 온전함, 육신의 건강함, 숨을 쉬고 살아있음에 감사하며 진리眞理로부터 부여받은 원만한 심신心身을 되찾으려는 마음을 갖는다. 내 건강한 몸과 마음이 곧 세상을 유익하게 하는 근본이 되며 이 세상에 나를 있게 한 천지와 부모와 동포와 법률의 은혜에 보은하는 길임을 알고 행복한 마음으로 선요가에 임해야 한다.

마. 선요가는 공복空腹에 깨끗하고 맑은 곳에서 해야 한다.

선요가는 밥 먹기 1시간 이전이나 밥을 먹은 후 2시간이 지나서 하는 것이 좋다. 식사시간을 바로 앞두고 허기에 끌릴 때나 식사 바로 후에 배가 부른 상태에서 하는 것은 피한다. 장소는 실내나 실외 어디에서든 가능하나 고요하고 탁 트인 야외나 맑은 숲속에서 자연과 더불어 하면 더 좋다. 실내의 경우에는 환기를 잘 시켜 환경을 맑고 깨끗하게 한 후에 한다.

03 선요가 단계

3. 선요가 단계

의념意念 → 일심一心 → 통제統制 → 해탈解脫 → 자유自由

가. 의념(意念)

몸과 마음과 기운과 호흡을 가지런히 고르는 단계이다.

온전함과 행복감을 가지며,

움직임動과 고요함靜, 멈춤止의 과정에서

자신의 느낌에 깊은 친화감을 형성한다.

그러나 의념으로 뭉친 기운은 공허空虛할 수 있으므로 참이 아니다.

나. 일심(一心)

의념이 보다 성숙되어
몸과 마음과 기운과 호흡의 하나됨이 더욱 깊어진 단계이다.
고도의 집중력이 양성된다.

다. 통제(統制)

일심의 단계가 지속되면 몸과 마음과 기운과 호흡을
스스로 통제할 수 있는 힘과 여유, 지혜가 생긴다.

03 선요가 단계

라. 해탈(解脫)

몸과 마음과 기운과 호흡이 한결 같아지며,
모든 유무有無에 사로잡히지 않는 경지이다.
짧은 시간의 호흡 하나에도 쉽게 심신의 편안함을 얻는다.

마. 자유(自由, 殺活自在)

해탈의 경지가 깊이 체험될 때
자연스럽게 합일되는 경지이다.

인류의 생활 자체가
많이 긴장하도록 되어 있으니
풀어 나가는 공부를 시켜야 하겠다.
신경, 힘살, 근육, 뼈마디까지
다 풀어 늦추고

외계의 소리, 경계, 시비 등에
동하지 않고 받아들여
평온, 안정, 평화를 얻어야
이것이 선禪이요,
진활선眞活禪이다.
<대산종사> 1969년 (원기 54) 12월 18일

04 선요가의 구성

"선요가"는 크게 앉아서 하는 요가와 서서하는 요가로 구분할 수 있다. 앉아서 하는 요가는 '도인요가'라 하고, 서서하는 요가는 다시 소리를 위주로 하는 '발성요가', 호흡을 위주로 하는 '오단호흡', 몸을 굽혔다 폈다 하여 몸에 활력을 불어넣는 '전신요가'로 구분할 수 있다.

4. 선요가의 구성

가. 도인(導引)요가

도인導引은 글자 뜻 그대로 당기고導 늘인다引는 뜻이다. 이는 오랜 옛날부터 동양에서 전해오는 양생법養生法으로 질병에 걸리지 않고 건강하게 오래 살 수 있게 몸을 단련하는 방법의 하나이다. 그 방법으로는 일정한 몸자세를 유지하고 호흡을 고르게 하는 법, 문지르는 마찰법, 두드리는 법 등 다양하다. 선요가에서는 이중 주로 문지르는 마찰법을 사용하는데 자리에 바르게 앉아서 손을 이용하여 문지르는 총 11개의 동작으로 이루어져 있다.

도인요가는 몸의 기혈氣血을 원활하게 하고, 오장육부를 조절하여 원기元氣를 강하게 하며 정신을 안정시키고 경락經絡을 소통시켜 근육과 뼈를 튼튼하게 한다.

04 선요가의 구성

나. 발성(發聲)요가

서서하는 요가 중 처음 하는 요가로 아, 어, 음의 세 가지 소리로 구성되어 있다. 이는 우주의 소리라고도 하며 주문呪文, 진언眞言을 의미하는 만트라 요가의 OM(혹은 AUM)수행과 유사하다. 이 말은 AUM의 세자로 된 말로 해석되어 오랜 옛날부터 인도에서는 성스러운 뜻과 신비한 힘을 가진 것으로 알려져 왔다. 특히, 일정한 모음母音의 음향은 우리 신체의 선腺을 진동시켜 몸의 내부를 정화할 수 있다고 한다.

'아~' 음은 입을 벌리고 몸 깊은 곳에서 나오는 첫 소리로 몸을 깨어나게 하는 진동의 소리이므로 산성적 반응이 몸에서 촉진되는 놀람이나 긴장의 소리이다. 이때는 교감신경의 자극으로 흥분이 높아진다. 평소에 소극적인 사람은 이 발성요가를 열심히 하면 쾌활해지고 자신감을 얻을 수 있다.

'어~' 음은 입속에서 공기가 감돌아 회전하듯이 나오는 소리로 중간의 소리이고 유지 변화를 상징하며 몸과 마음에서 중성적 반응이 일어난다.

'음~' 음은 입술이 거의 닫힌 상태에서 코로 나오는 소리이며 끝소리로서 부교감 신경의 기능이 촉진된다. 평소에 성미가 급하여 남과 잘 부딪치거나 혈기가 왕성하고 시끄러운 사람이 수련하면 온유하고 고요한 느낌을 가지게 되므로 수용을 잘하게 된다.

모음의 발성은 자음의 발성보다 부드러운 감정을 내서 사람의 마음을 안정시켜 깊은 복식 호흡을 하게 되므로 혈액 순환이 잘 된다. 그리고 폐와 심장 및 뇌에 신선한 산소를 많이 공급하므로 신진대사가 촉진되고 집중력이 높아진다.

다. 오단호흡(五段呼吸)

우리 몸에 쌓인 탁한 기운濁氣을 내보내고 우주의 살아있는 기운生氣을 받아들임으로써 우주의 충만한 기운을 인체에 공급하여 기혈氣血을 소통시키고 신진대사를 촉진하며, 호흡의 자유를 얻는 방법으로 단전주를 위한 단전강화에 효과적이다.

04 선요가의 구성

라. 전신요가

인도의 하타요가(Hata-Yoga)에서 응용한 동작들이다. 하타요가는 앉거나 누워서 하는 동작들이 많다. 반면, 선요가는 하타요가를 응용하여 서서 하는 동작이 주를 이룬다.

손과 발에서부터 전신을 구부렸다 펴는 동작을 통해 긴장과 이완을 반복하여 온몸의 경혈經穴을 자극하여 막힌 혈을 뚫어주고 기혈 순환을 촉진하여 신체를 유연하게 한다. 선요가를 할 때는 호흡과 동작과 의식의 일치가 반드시 이루어져야 한다.

Ⅱ 선요가의 실제

01 우주 중심 서기

02 준비요가

03 발성요가

04 오단호흡

05 전신요가

06 도인요가

01 우주중심서기(立禪安定)

一. 호흡의 집중
　몸의 깨어남
　마음 살아남

二. 호흡의 안정
　몸의 평화
　마음 고요

三. 호흡의 생명력
　몸의 활력
　마음 호대

四. 호흡의 자유
　몸의 자유
　마음 자유

1. 우주중심서기(立禪安定)

◉ 수행 방법

① 양발을 반듯이 일자一字로 하여 어깨 넓이로 벌리고 양손은 긴장을 풀어 엉덩이 옆선에 자연스럽게 내려놓는다.

② 호흡을 골라 마음을 하단전에 집주하여 고요히 하고 백회百會를 하늘을 향해 열어 자연스럽게 자신의 본래 호흡을 찾는다.

③ 몸과 마음이 충분히 안정된 상태에 이를 때까지 차분히 기다린다.

◆ 수행 효과

자신이 우주의 중심에 서 있음을 자각하여 밖에서 들어오는 모든 것으로부터 자유로워진다.

01 우주중심서기(立禪安定)

▣ Tip

자신의 본래 호흡이란 모든 생각을 놓고
온몸의 긴장을 풀어 지극히 고요하고
평화로운 상태에서 쉬는 호흡이다.
자신의 본래 호흡을 찾지 못한 상태에서
동작을 행하면 욕심에 사로잡히게 되어
모든 기운이 역기(逆氣)가 되기 쉽고
적체(積滯)가 되어 수련을 한다는 것이
오히려 병을 만들게 된다.

요가는
의식,
호흡,
육체의 통제統制가 그 목적이다.
이 단련을 오래 하면
결국 조화造化가 생긴다.

〈대산종사〉 1974년(원기 59) 12월 19일

02 준비요가

2. 준비요가(정리요가)

◉ 수행 방법

1) 팔흔들기

편한 자세로 선 다음 팔을 자연스럽게 앞뒤로 움직여 준다. 고개도 따라서 같이 움직여 주는데, 팔을 들어올리며, 숨을 들이마시고 내쉬면서 고개와 팔도 뿌리듯이 내려준다.
3회 반복한다.

2) 가슴펴기

팔을 어깨와 수평이 되게 한 다음 좌우로 가슴을 펴면서 팔을 힘차게 벌려준다. 이때 팔은 서로 겹치듯이 교차해가며 돌려주고 고개도 좌우로 번갈아 돌려준다. 3회 반복한다.

02 준비요가

3) 어깨 돌리기

마지막으로 어깨를 축으로 두팔을 힘차게 돌려준다. 어깨의 힘을 빼고 원을 그리며 크게 돌려준다. 앞뒤로 번갈아 가며 돌려준다.

◈ 수행 효과

상체의 긴장을 풀어주고 근육을 이완시켜 준다

02 준비요가

천지기운 단전합일(天地氣運 丹田合一)

천지의 신령스러운 기운을
소리를 통하여
단전丹田에 함축하는 동작으로
'아-어-음'으로 구성되어 있다.

'아~'는 하늘의 신령스러운 기운을
'어~'는 대지의 자비로운 기운을
'음~'은 단전에 중화中和의 기운을 모은다.

천지기운 단전합일 요가는
정신을 새롭게 하고
호흡의 자유를 얻어
우주의 생명력을 얻는 선요가이다.

3. 발성요가

1) '아'음 요가

우주의 생명력을 마음껏 들이마시고 내쉬며 '아 ~ 음'

⊙ 수행 방법

① 양발을 반듯이 하여 어깨 넓이로 벌리고
   두 팔을 하늘을 향해 서서히 올리며
   단전으로 숨을 크게 들이마시고 잠시 멈춘다.

03 발성요가

② 숨을 내쉬며 '아~' 음을 토해내며 양 손을 서서히 단전으로 내린다.
  이 때 양손과 몸 전체에 하늘 기운을 둥그렇게 껴안아 내린다.
③ 단전 앞에서는 '음' 으로 마무리하여
  단전에 하늘의 기운을 그대로 모으도록 한다.
④ 3회 반복한다.

 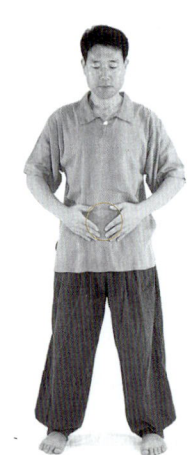

◆ 수행 효과
  ① 좁았던 마음이 크게 넓어지고, 몸의 기운이 살아난다.
  ② 전신에 우주의 큰 생명력을 받아들인다.

2) '어'음 요가

대지의 생명력을 마음껏 들이마시며 '어 ~ 음'

◉ 수행 방법

① 양발을 반듯이 하여 어깨넓이로
   벌리고 대지의 기운을 발바닥 중앙 (용천龍泉)으로 끌어올린다.
② 단전으로 숨을 크게 들이마시며
   두 팔을 어깨 옆으로 서서히 올려 벌린 후 잠시 멈춘다.

03 발성요가

③ 숨을 내쉬며 '어~' 음을 길게 토하고
　서서히 손을 가슴 앞으로 모은다.
　가슴 앞에서는 '음'으로 마무리하여
　대지의 기운을 그대로 모으도록 한다.
④ 3회 반복한다.

◆ 수행 효과
　① 산란한 마음이 고요해지며 자비심이 커진다.
　② 몸과 기운이 한결같아지고 정신이 상쾌해진다.

3) '음' 요가

하늘 기운과 땅 기운을 단전 깊숙이 들이마시고 내쉬며 '음~'

◉ 수행 방법

① 양발을 반듯이 하여 어깨넓이로
　 벌리고 하늘 기운과 땅의 기운을
　 중화中和하여 단전 깊숙이 모은다.
② 단전 앞에 양손을 모으고 단전으로
　 숨을 크게 들이 마시고
　 잠시 멈춘 후 내쉬며 '음~'을 길게 낸다.
③ 이때 아랫배 단전 깊숙하게 기운 어림을 느낀다
④ 3회 반복한다.

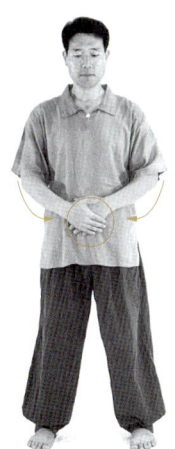

◆ 수행 효과

　① 마음이 깊어지고 크게 안정을 얻는다.
　② 깊은 통찰력과 지혜의 힘을 얻게 되며 단전의 힘이 강화된다.

03 발성요가

4) '아-어-음' 요가

천지기운을 단전 깊이 모아주는 요가이다.
'아~ 어~ 음~'의 소리를 균일하게 3등분하여 내며
하늘 기운과 땅 기운을 단전 깊숙이 함축한다.

◉ **수행 방법**

① 앞의 세 동작을 한 번에 연속적으로 하는 것이다.
② 양발을 반듯이 하여 어깨 넓이로 벌리고 팔을 들어올리며
   숨을 들이쉰다.
③ 숨을 천천히 내쉬면서 '아~' 음을 토해내고, 중간에 '어~' 음을,
   두손을 단전으로 모으면서 '음~' 소리로 마무리 한다.
④ 3회 반복한다.

◆ **수행 효과**

① 호흡이 길어지므로 신진대사가 촉진되어 온몸의 세포가 깨어나고
   정신이 상쾌해져 전신에 우주의 생명력이 함양된다.

② 정신집중, 단전강화로 호연지기가 길러지고
마음, 호흡, 기운의 안정을 통하여 수양력을 얻어 지혜의 길이 열린다.

◼ Tip
'아~' 음은 양기, '어~' 음은 음기, '음~' 은 중기로
진음진양眞陰眞陽의 화한 기운을 수련한다는 의미이다.

04 오단호흡(五段呼吸)

오단호흡은

간단하면서도 누구나 쉽게

자신의 호흡을 회복할 수 있고

자신의 호흡에 집중할 수 있으며,

자신의 호흡을 조절할 수 있는 힘이 생겨

호흡자유의 경지에 오르게 하는 수행법이다.

04 오단호흡(五段呼吸)

4. 오단호흡(五段呼吸)

1) 흉식(胸息)

흉식은 가슴호흡으로 폐를 확장하여 폐활량을 극대화한다.
산소를 충분히 공급해 탄산가스를 활발하게 내보냄으로써
신진대사를 촉진한다.
상쾌한 심신을 만들며, 호흡기 계통의 만성질병을 예방하고 치료한다.

◉ **수행 방법**

① 양발을 반듯이 하여
　 어깨 넓이로 벌리고
　 네 손가락으로 엄지를
　 가볍게 감싸고 가슴으로 올린다.

② 숨을 마음껏 들이쉬며 가슴을 편다. 가슴 깊이 숨이 들어가도록
크게 들이쉬어 폐의 세포가 모두 살아나게 한다. 잠시 멈추었다가
숨을 내쉬면서 다시 두 손을 가슴에 모은다.

③ 3회 반복한다.
④ 평식平息(단전식)으로 두손을 아랫배 단전에 모으고
호흡을 자연스럽고 편안하게 고른다.

◈ 수행 효과

① 우리의 일상 호흡은 너무 짧고 얕다. 가슴호흡으로 폐활량이
증대되어 심장과 폐의 기능이 좋아지며 신진대사가 촉진된다.
② 마음이 넓어지고 호흡이 길어지며, 몸과 마음의 막힘을 해소한다.

04 오단호흡(五段呼吸)

2) 완전식(完全息)

완전식은 횡경막 상하上下 운동을 통해 상승력과 하강력을 증대시켜 하단전을 강화하고 단전의 기운을 충실하게 하며 단전에서 가슴까지 기혈을 유통시키는 호흡이다.

◉ 수행 방법

① 양발을 반듯이 하여 어깨 넓이로 벌리고 손을 단전에
   겹쳐 올려놓는다. 혀끝은 입천장에 가볍게 붙인다.
② 숨을 편안히 고르고 단전으로 깊이 들이마신 후 의식으로
   숨을 멈춘 상태에서 가슴으로 끌어 올린다.
   다시 단전에 내린 후 천천히 토해 낸다.
③ 단전으로부터 끌어올리고 다시 단전으로 내리는 것이 중요하다.
④ 3회 반복한다.
⑤ 평식平息(단전식)으로 두손을 아랫배 단전에 모으고
   호흡을 자연스럽고 편안하게 고른다.

◈ 수행 효과

① 밑으로 처진 장기臟器들을 완전히 끌어올림으로써
쌓였던 탁기를 내보낸다.

② 횡경막을 자극하여 장부臟腑에 생명력을 불어 넣으며
소화 기능이 촉진된다.

③ 몸의 열기를 내리고 단전을 강화한다.

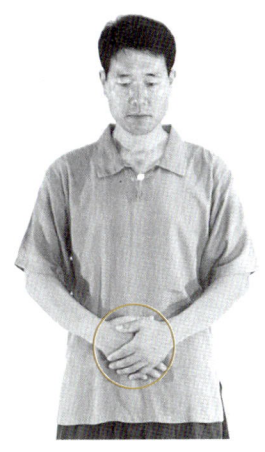 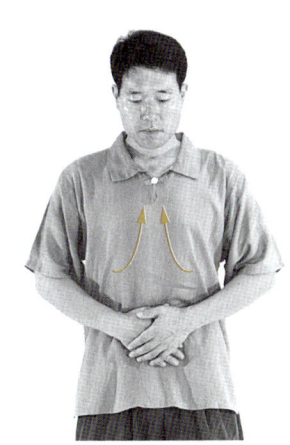 

04 오단호흡(五段呼吸)

3) 태식(胎息)

법륜식法輪息이라고도 한다. 태아가 엄마 뱃속에 있을 때 탯줄을 통해 천지기운을 받는 원리의 호흡이다. 즉 태아胎兒가 모태母胎에서 숨 쉬던 선천지기先天之氣를 회복하는 원기元氣 호흡이다.

◉ 수행 방법

① 양발을 반듯이 하여 어깨 넓이로 벌리고 손을 단전에 겹쳐 올려 놓는다. 혀끝은 입천장에 가볍게 붙인다.
② 의식적으로 단전까지 숨을 들이켜 내린 다음 멈춘 상태에서 그 기운을 미려(꼬리뼈)로 보내 척추를 타고 머리로 올렸다가 이마 → 가슴을 통해 단전으로 내려서 토해낸다.
③ 3회 반복한다.
④ 평식平息(단전식)으로 두손을 아랫배 단전에 모으고 호흡을 자연스럽고 편안하게 고른다.

◈ 수행 효과

① 전신을 관장하는 임맥任脈과 독맥督脈을 유통시킴으로써 내재된
생명력을 일깨운다.

② 인체의 물기운과 불기운이 조화를 이루어서[水火旣濟]
심신의 안정과 지혜력을 키우는데 최상의 호흡이다.

③ 전신호흡의 깊은 경지에 이를 수 있다.

▣ Tip

▶ 태식은 초보자에게는 아주 어려운 호흡이다.
우리는 태어나면서부터 차츰 차츰 가슴호흡으로 살아왔기 때문이다.

▶ 기운을 생각[意念]으로만 돌리게 되면 공허한 기운만
돌게 되므로 주의해야 한다.

▶ 흉식과 완전식을 통해 단전이 충실해지면 그 기운을 의식으로 돌리고,
익숙해지면 스스로가 자연스럽게 순환됨을 느낄 수 있다.

04 오단호흡(五段呼吸)

4) 종식(踵息)

장자莊子는 '진인眞人은 종식踵息이라 발뒤꿈치로 호흡하나, 중인衆人은 후식喉息이라 목구멍으로 호흡한다.'라고 하였다. 실제로 발뒤꿈치로 호흡하는 것이 아니라 마음의 안정을 따라 그만큼 호흡의 길이가 길어지고 미세해졌다는 것이다. 이는 호흡의 수련만으로 되는 것이 아니고 마음의 수양이 아울러야 이루어진다는 의미로 전신호흡을 뜻한다.
대산 종사는 호흡의 방법을 '가늘게, 길게, 멈추고, 오래하고'의 네 가지 표준을 제시하였다.

◉ 수행 방법

① 양발을 반듯이 하여 어깨 넓이로 벌리고 두 손을 다리 옆선에 긴장을 풀어 편안하게 내려놓는다. 혀끝을 입천장에 가볍게 붙인다.
② 의식으로 단전에 숨을 깊이 들이마시고 발뒤꿈치와 용천(발바닥 중앙)까지 길고 가늘게, 조용하고 편안하게 내린 후 다시 가늘고 길게 내쉰다.

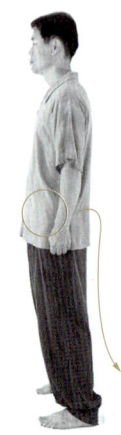

아주 천천히 가늘고 길게 할 때 마음이 집중되며
자신의 기운을 감지할 수 있다.

③ 3회 반복한다.

④ 평식平息(단전식)으로 두손을 아랫배 단전에 모으고 호흡을 자연스럽고 편안하게 고른다.

◈ 수행 효과

① 우리의 모든 장기는 허리 위에 집중되어 있어서
호흡의 영향도 허리 위로 집중된다.
그렇기 때문에 열이 항상 위로 오르기 쉽다.
전신의 기운을 발뒤꿈치와 발바닥에까지 이르게 하여 정기를
강화하고, 온몸에 물 기운을 올리는데
탁월한 효과가 있다.

04 오단호흡(五段呼吸)

5) 휴식(休息)

휴식休息은 몸 안의 모든 탁기濁氣를 완전히 내뿜어 오장五臟을 쇄신시키는 치유호흡이다. 코로 숨을 들이마시고 잇사이로 강하게 내뿜는다. 이때 실내에서 하면 탁한 기운으로 오염이 되므로 환기를 잘 시켜야 한다. 탁 트인 야외나 숲에서 하면 좋다.

◉ 수행 방법

① 양발을 반듯이 하여 어깨 넓이로
　벌리고 손을 단전에 겹쳐 올려놓는다.
② 의식으로 단전까지 숨을 들이킨 다음 잠시
　멈춘 상태에서 이 사이로 '츳~츠으'
　바람소리를 내며 강하게 내쉰다.
　이때 혀로 그 숨을 한두 번 끊어준다.
③ 3회 반복한다.

◈ 수행 효과

① 온몸에 쌓인 탁한 기운을 해소하며 독소를 배출하는데 탁월하다.

② 긴장을 완전한 이완으로 돌려준다.

③ 자기 호흡의 길이를 무시하고 수행하여 쌓이게 된 후유증을 해소한다.

④ 심폐기능을 강화하며 몸과 마음에 생명력이 가득해진다.

04 오단호흡(五段呼吸)

6) 평식(平息=丹田息)

마무리 호흡으로 단전호흡이다.

◉ 수행 방법

① 양발을 반듯이 하여 어깨 넓이로 벌리고 손을 단전에 겹쳐 올려놓는다.

② 숨을 단전으로 편안하게 들이마시고 다시 편안하게 내쉰다.

③ 숨을 차분히 골라, 긴장했던 기운을 가라앉힌다.

요가의 호흡

요가는 외단外丹이요, 단전주는 내단內丹 인데,
요가는 해서 탈나는 사람이 없으니,
요가의 호흡법으로써 길들여 禪하는 게 좋겠다.

〈대산종사〉 1976년(원기61년) 8월 12일

05 전신요가

전신요가는 온몸을 부분별로 자극해
기혈을 원활히 유통시켜
마음의 힘과 안정을 얻는 공부(工夫)이다.

1) 손요가
2) 목요가
3) 수평요가
4) 몸통요가
5) 정리요가
6) 옆구리요가
7) 다리요가
8) 허리요가
9) 골반요가

10) 뜀뛰기요가
11) 호흡조절
12) 깊은숨쉬기요가
13) 단전강화요가
14) 몸풀기요가
15) 몸풀기연속동작
16) 정리호흡
17) 새마음구호

5. 전신요가

1) 손요가

사람은 손이 가장 잘 발달하였다. 만지고, 쓰고, 쥐고, 놓는 등의 감각을 통하여 수많은 정보를 취하며, 손을 씀으로써 뇌의 발달을 가져온다. 우주의 진리가 무극無極-태극太極-음양陰陽-오행五行의 원리로 설명될 때 다섯 손가락의 형성과 쓰임은 그것을 그대로 반영한다. 그러므로 손, 손가락, 손바닥, 팔, 팔목, 팔뚝, 어깨까지 원활하게 풀어주는 것이 건강을 유지하는 지름길이다.

◉ 수행 방법

(1) 털어주기

① 양손을 가볍게 하고 양팔을 상하로 번갈아가며 충분히 털어준다. 툭툭 털어주면서 전신의 탁기濁氣를 말끔히 떨어낸다.

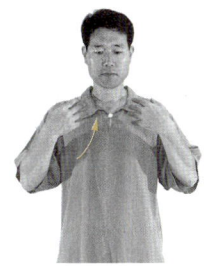 

05 전신요가

(2) 끌어당기고 풀어주기

① 왼손바닥을 위로 향하게 한 후 앞으로 수평으로 올린다.

② 숨을 들이마시고 내쉬면서 오른손으로 손가락을 하나씩 최대한 꺾어 몸 쪽으로 강하게 끌어당긴다.

③ 손가락을 모두 차례로 당긴 후 손가락 전체를 잡아당긴다.

④ 같은 방법으로 오른손 손가락도 풀어준다.

⑤ 손을 충분히 털어준다.
긴장했던 손을 '툴 툴' 털어주며 완전히 이완시킨다

◆ 수행 효과

① 손가락과 팔목의 경혈을 자극하여 뼈의 마디마디와 근육을 풀어주어 말초 혈액 순환이 좋아지므로 손끝 저림과 신경통, 손의 부종浮腫에 좋다.

② 내장기관을 자극하여 생기生氣를 불어넣음으로써, 마음의 안정감을 가져온다.

(3) 손목 비틀어주기

① 두손을 '앞으로 나란히' 자세로 수평으로 뻗어 손바닥이 바깥으로 가도록 뒤집는다. 오른손을 왼손으로 넘겨 깍지를 낀다.

② 숨을 들이마시며 몸 쪽으로 끌어와서 감아돌려 숨을 내쉬면서 바깥쪽으로 쭉 내 뻗는다.

05 전신요가

③ 가볍게 상하 좌우로 크게 흔들어 준다.
④ 반대 방향도 같은 방법으로 반복한다.
⑤ 깍지를 풀고 손을 충분히 털어주며 풀어준다.

◆ 수행 효과

① 손은 인체의 오장육부 전체가 반응하는 곳이며 주요 경락(폐, 대장, 심장, 소장, 심포, 삼초 등)의 흐름이 모여 있는 곳으로 손과 팔을 끌어당기고 비틀어줌으로써 전신의 기혈을 자극하고 소통하여 마음의 막힌것을 푸는데 큰 효과가 있다.

2) 목요가

◉ 수행 방법

(1) 목회전 요가

① 양발을 어깨 넓이로 평행하게 벌리고 바르게 선 후 양손을 뒤로 깍지끼어 잡고 어깨를 고정한다.
② 목을 좌우로 귀가 어깨에 닿는다는 느낌으로 각각 3회 기울인다.
③ 목을 앞뒤로 각각 3회 숙이고 젖혀준다.
④ 목을 수평으로 유지하고 시선은 좌우로 각각 3회 돌려준다.
⑤ 목을 좌우로 크게 원을 그리며 각각 3회 돌려준다.

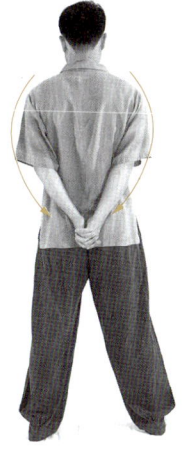

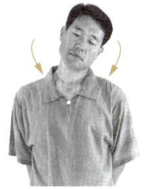 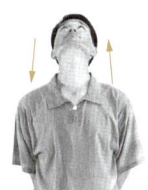 

05 전신요가

(2) 목 뒤 조여주기

① 양발을 어깨 넓이로 벌리고 바르게 선 후 양손을 깍지 낀 상태에서 목뒤를 감싼다.
② 숨을 마음껏 들이쉬고 내쉬면서 지그시 목을 조여준다.
③ 3회 반복한다.
④ 깍지 낀 손을 뒷머리에 대고 감싼다.
⑤ 숨을 마음껏 들이쉬고 내쉬면서 팔꿈치를 가슴으로 향하며 지그시 목을 앞으로 숙이며 관자놀이를 힘차게 조여준다.
⑥ 3회 반복한다.
⑦ 양팔을 옆으로 펼쳐 상체를 좌우로 번갈아 가며 흔들어 준다.

◈ 수행 효과

① 목의 뻣뻣함과 긴장성 두통, 어깨 결림에 좋으며
만성피로를 해소하여 머리를 맑게 한다.

② 머리로 혈액의 흐름이 원활해지므로 혈압에 좋으며,
코의 염증과 귀울림(이명)에도 효과가 있다.

③ 오랜 시간 정신을 사용하는 직업을 가진 사람에게 특히 좋다.

05 전신요가

3) 수평요가

잘못된 생활습관으로 골반이 틀어지고 몸의 좌우 균형이 맞지 않으면 모든 병을 일으키는 원인이 된다. 수평·수직 균형요가는 골반의 치우침을 치료하는 효과적인 요가이다.

◉ **수행 방법**

(1) 수평골반요가

① 왼쪽을 향하여 발을 조금 넓게 벌린다.
② 양손을 수평으로 하여 균형을 잡고 숨을 깊이 들이쉬고 내쉬면서 상체를 반듯이 세워 그대로 유지하며 왼쪽 무릎을 직각으로 구부려준다.
③ 2회 반복한다.   ④ 오른쪽도 같은 방법으로 한다.

(2) 수직골반요가

① 왼쪽을 향하여 발을 넓게 벌린다.

② 두손을 합장한 상태로 균형을 잡고 숨을 깊이 들이쉬고 내쉬면서 하늘을 향해 올린다.

③ 시선은 손을 향하며 허리를 곧게 세운후 상체를 마치 활처럼 뒤로 최대한 숙여 준다.

④ 2회 반복한다.

⑤ 오른쪽도 같은 방법으로 한다.

◈ 수행 효과

① 굽은 등허리가 바로 펴지게 되며 가슴을 발달시키고 허리, 등, 무릎, 팔이 강화된다.

05 전신요가

(3) 허리 굽히기 요가

목, 허리, 등은 인체에 중요한 부분인 경추, 흉추, 요추, 천추가 자리하고 있는 곳이다.

척추를 따라 모든 장기가 그 기능을 다하고 있으므로, 비틀어져 있거나, 기울어 있거나, 굽어 있거나, 좁혀 있으면 반드시 고통과 함께 병이 온다.

허리를 굽혀주고, 양팔을 뒤로 강하게 젖혀줌으로써 등, 허리, 팔, 다리의 근육과 인대를 자극하여 펴고 바로잡는다.

◉ 수행 방법

① 발을 어깨 넓이로 벌린 후 왼쪽을 향해 서서 두 손을 뒤로 깍지 끼어 마주 잡고 허리에 댄다.

② 가슴을 열고 허리를 뒤로 약간 젖힌 후 단전에 숨을 들이쉬어 잠시 멈췄다가 숨을 내쉬면서 허리를 앞으로 숙인다.

③ 깍지 낀 두 손을 하늘로 향해 최대한 올리며, 이마가 무릎 가까이 닿도록 숙인다.

④ 2회 반복한다.

⑤ 오른쪽도 같은 방법으로 한다.

⑥ 발을 어깨 넓이보다 약간 더 벌리고 바르게 선 자세에서 양손을 뒤로 깍지 끼어 마주잡는다.

05 전신요가

⑦ 단전에 숨을 들이쉬며 잠시 허리를 뒤로 약간 젖힌 후
   다시 숨을 내쉬며 허리를 약간 넓게 벌린 양 무릎사이로 숙인다.
⑧ 2회 반복한다.
⑨ 두 손을 하늘로 향해 최대한 올린 후 잠시 멈췄다가 좌우로
   흔들어주면 더욱 강한 자극을 줄 수 있다.

◆ 수행 효과

① 방광혈을 강하게 자극함으로써 몸의 활력과 수기(水氣)를 양생하며,
   정신기운을 왕성하게 해준다.
② 요통 및 어깨결림, 만성피로, 소화불량을 치유하고 면역력을
   높이는데 탁월한 효과가 있다.

(4) 허리 뒤로 젖히기 요가

우리의 평소 자세는 가슴과 허리는 앞으로 구부려 생활하므로 피로가 쌓이기 쉽다. 허리는 신장의 기운이 모아지고 반응하는 곳이다. 허리를 뒤로 젖혀줌으로써 묵직한 기운과 쌓인 피로가 풀어진다. 특히 좁았던 마음, 작아진 마음 기운이 완전히 해소되어 마음이 넓어진다.

◉ 수행 방법

① 발을 어깨 넓이 보다 약간 더 넓게 벌리고 양손으로 허리를 바친 후 단전까지 숨을 들이쉬고 다시 내쉬면서 뒤로 서서히 젖힌다.
② 2회 반복한다.

◆ 수행 효과

① 다리를 강화하고 허리근육을 강화하여 만성요통에 효과적이다.
② 복부를 자극하여 군살을 제거하고 소화불량과 변비에도 효과가 좋다
③ 면역력을 높이는데 탁월한 효과가 있다.

05 전신요가

4) 몸통요가

◉ 수행 방법

(1) 손깍지 끼고 좌우 돌리기

① 다리를 어깨 넓이보다 조금 넓게 벌리고 무릎을 굽혀 기마자세로 선다.

② 손을 깍지 끼어 마치 지구를 품안에 끌어안은듯 한다.

③ 숨을 들이쉬고 내쉬면서 좌우로 세차게 흔든다.

◆ 수행 효과

① 하체를 단련하고, 어깨의 긴장을 풀며, 팔과 각 장기를 자극해 너른 마음과 기운을 소유하게 해준다.

② 늑골신경통과 견비통에 좋다.

⑵ 손깍지 끼고 상하로 흔들기

① 다리를 어깨 넓이로 벌리고 바르게 선다.

② 손가락을 깍지 끼고 손바닥이 밖을 향하도록 두 팔을 앞으로 쭉 뻗는다.

③ 숨을 들이쉬고 내쉬면서 상하로 크게 흔들면서 풀어준다.

④ 상체를 좌우로 틀어주며 팔을 흔들어 풀어준다.

◈ 수행 효과

① 몸의 균형감을 갖게 하며 심신을 편안하게 해준다.

② 위장, 소장, 대장, 심장, 폐 등의 장기를 활성화 한다.

05 전신요가

5) 정리요가(준비요가)

◉ 수행 방법

(1) 팔흔들기

편한 자세로 선다음 팔을 자연스럽게 앞뒤로 움직여 준다.
고개도 따라서 같이 움직여 주는데, 팔을 들어올리며,
숨을 들이마시고 내쉬면서 고개와 팔도 뿌리듯이 내려준다.

(2) 가슴펴기

팔을 어깨와 수평이 되게 한다음 좌우로 가슴을 펴면서 팔을 힘차게 벌려준다. 이때 팔은 서로 겹치듯이 교차해가며 돌려주고 고개도 좌우로 번갈아 돌려준다.

05 전신요가

(3) 어깨 돌리기

마지막으로 두팔을 힘차게 어깨를 축으로 돌려준다. 어깨의 힘을 빼고 원을 그리며 크게 돌려준다. 앞뒤로 번갈아 가며 돌려준다.

◆ **수행 효과**

상체의 긴장을 풀어주고 근육을 이완시켜 준다

6) 옆구리 요가

◉ 수행 방법

(1) 옆으로 돌리기

① 발을 어깨 넓이로 벌린다.

② 양팔을 가지런히 양옆으로 수평으로 올린 후
   좌우로 5회 정도 상체를 비틀어 천천히 움직인다.

③ 양발은 고정하며, 시선은 움직이는 방향의 손끝을 바라본다.

05 전신요가

(2) 좌우로 굽히기

① 발을 어깨 넓이로 벌린다. 양팔을 가지런히 양옆으로 수평으로 올린 후 번갈아가며 숙여준다.

② 왼팔은 왼쪽 다리로 향하고 오른팔은 수직으로 세운 후 시선은 오른손 끝을 바라본다.

③ 오른쪽도 같은 방법으로 하며 좌우로 3회 반복한다.

(3) 허리 굽혀 틀어주기

① 양발을 보다 넓게 벌린다.

② 허리를 숙이고 왼손을 오른발 끝에
오른손은 왼발 끝에 닿게 서로 번갈아가며 교차한다.

③ 3-5회 반복한다.

◆ 수행 효과

① 등허리의 근육과 뼈, 엉덩이를 강화하고, 장기의 활동을 촉진하며 변비와 생리통에 좋다.

② 다리와 허리의 굳은 것을 풀고 전신의 유연성과 활력을 높이며 옆구리의 군살을 제거해 날씬하게 한다.

05 전신요가

7) 다리 요가

무릎은 항시 차가운 기운이 감돌기 쉽고 운동을 하지 않으면 근육과 인대가 약해지고 손상되기 쉬운 부위 중 하나이다.

무릎은 몸의 무게를 견디고 다리를 굽혔다 폈다 하며, 걷는데 중요한 곳으로 무릎의 힘을 길러주고 원활한 기운을 소통하는 것이 매우 중요하다.

◉ 수행 방법

(1) 앉았다 일어나기

① 바로 서서 양발을 가지런히 모은다. 이때 발끝과 무릎을 붙인다.
② 두 팔을 수평으로 하여 '앞으로 나란히' 자세를 취한다.
  허리를 곧게 한 후 상체가 굽혀지지 않게 유의하며

무릎을 굽혀 앉았다가 일어선다.
③ 5-10회를 천천히 반복한다.
④ 일어설 때는 아주 천천히 발과 무릎을 고정한 채 일어난다.

(2) 무릎 뜨겁게 해주기
① 허리를 숙이고 양손을 무릎에 대고 따뜻하게
   문지른다.
② 충분히 문질러 무릎 깊숙이 열감이
   스며들도록 한다.

(3) 무릎 돌리기
① 무릎을 양손으로 지그시 감싼 후
   좌우로 5회 정도 회전시켜 준다.

◆ 수행 효과
   ① 다리의 힘을 높이고 허리와 등의 근육을
      강화하여 요통을 예방한다.
   ② 팔, 등허리, 복부를 강화하여
      내장의 활동을 활발하게 한다.

05 전신요가

8) 허리 요가

◉ 수행 방법

① 어깨 넓이로 발을 벌리고 양손을 손가락 끝이 마주보게 하여 가슴 위로 모아 올린 후 서로 마주보게 한다.

② 오른발을 뒤로 하고 숨을 들이쉬고 내쉬며 오른 무릎을 왼쪽 겨드랑이 쪽으로 힘차게 차올리고 몸통과 양손은 반대로 오른쪽으로 향한다.

③ 5회 반복한다. (4회와 5회째는 발이 바닥에 닿지 않도록 연속으로 한다)

④ 반대 방향으로도 5회 반복한다.

◆ 수행 효과

① 척추의 비틀림 방지와 교정효과가 있다.

② 대장과 장기 전체의 운동성을 향상시킨다.

③ 허리를 보호하고 상체와 하체의 균형유지를 도와준다.

 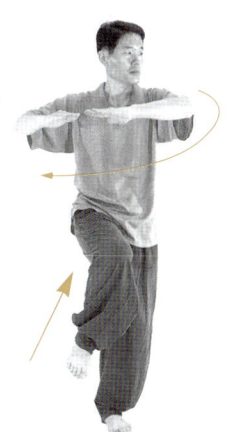 

05 전신요가

9) 골반요가

골반이 비틀어지면 어깨, 허리, 다리의 균형을 잃게 된다. 그러면 몸 전체의 균형이 깨지게 되고 건강을 잃는다.

◉ **수행 방법**

(1) 무릎 가슴대기

① 선 자세로 한쪽 다리를 가슴으로 최대한 차올린다.
② 발은 발가락이 땅을 향하도록 수직으로 펴주고 반대편 다리는 곧게 펴준다.
③ 좌우 5회 반복하며 4-5회째는 바닥에 닿지 않게 연속으로 한다.

◆ **수행 효과**

고관절을 부드럽게 해주며 골반의 틀어짐, 좌골신경통 등을 예방하여 몸을 바르게 가꾸는데 좋다.

10) 뜀뛰기 요가

◉ 수행 방법

① 무릎을 크게 올려 뛴다.

② 발뒤꿈치를 엉덩이에 닿게 올려 뛴다.

③ 발을 곧게 뻗고 옆으로 들어주면서 뛴다.

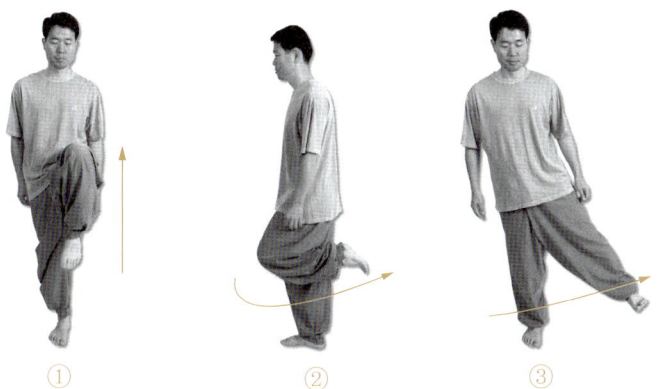

05 전신요가

④ 발을 곧게 하고 앞으로 발끝을 높이 차올리며 뛴다.
⑤ 두발을 모아 모둠발을 하고 높이 뛴다.
⑥ 서서히 안착한다.

◈ 수행 효과

① 힘차게 뛰고 상하 좌우로 다리를 올려줌으로써 하체를 강화한다.
② 혈류량이 증가하여 심장과 폐의 기능, 몸의 균형감을 살리는데 좋다.
③ 신경통과 피로회복에 좋다.

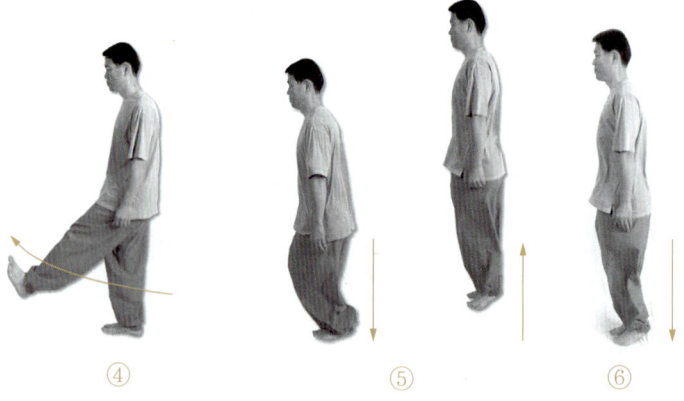

11) 호흡조절

● 수행 방법

(1) 흉식(胸息)

① 양발을 반듯이 하여 어깨 넓이로 벌리고 네 손가락으로 엄지를 가볍게 감싸 주먹을 쥐고 가슴으로 올린다.
② 숨을 마음껏 들이쉬며 팔을 벌려 가슴을 편다.
③ 잠시 멈추었다가 숨을 내쉬면서 다시 두 손을 모은다.
④ 3회 반복한다.

05 전신요가

(2) 평식(平息=丹田息)

① 양발을 반듯이 하여 어깨 넓이로 벌리고 손을 단전에 겹쳐 올려놓는다.

② 숨을 단전으로 편안하게 들이마시고 다시 편안하게 내쉰다.

③ 가빴던 숨을 고르고 긴장했던 기운을 가라앉혀 심신을 이완한다.

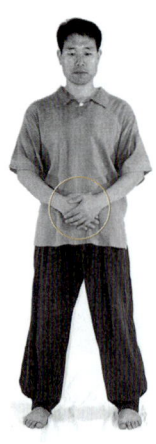

12) 깊은 숨쉬기 요가

하단전은 아랫배 전반에 자리하고 있으며, 사람마다 그 크기와 깊이의 차이가 있다. 단전은 정신과 육신의 중심축이 되는 곳이다.

◉ **수행 방법**

① 양발을 반듯이 하여 어깨 넓이로 벌린다.
② 단전까지 숨을 마음껏 들이마시며, 두 손은 하늘을 향해 올린다.
③ 숨을 멈춘 후 양손으로 힘껏 단전을 내리치면서 숨을 내쉰다.
④ 12회 반복한다.

 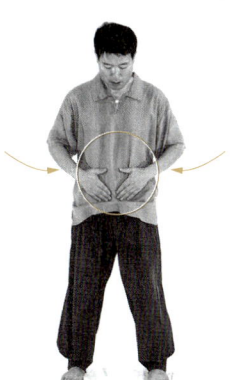

05 전신요가

13) 단전강화 요가

◉ **수행 방법**

① 양발을 어깨보다 넓게 벌리고 기마자세를 취한다.
② 단전으로 숨을 마음껏 들이쉬며 양손을 하늘로 올려 하늘의 기운을 받는다.
③ 숨을 내쉬면서 주먹 쥔 양손을 허리 쪽으로 끌어내리며 힘차게 '얍!' 하고 기합을 넣는다.
④ 3회 반복한다.

◆ **수행 효과**

① 정신기운을 강화시키는 동시에 전신의 기혈을 소통한다.
② 정기正氣를 회복하고 사기邪氣를 제거하며 뱃심을 기른다.
③ 장과 복근을 강화하며 피로를 풀어준다.

14) 몸풀기 요가

◉ 수행 방법

(1) 온몸 뻗어주기

① 발을 어깨보다 조금 더 넓게 벌린다.
② 양 손가락을 깍지 낀 후 손바닥이 밖으로 향하도록 팔을 쭉 뻗는다.
③ 시선은 손등을 바라보며, 좌·우측으로 각각 상·중·하 삼단계로 팔을 쭉 펴준다

◆ 수행 효과

① 내장기관과 상체를 긴장하여 피로를 회복한다.
② 복부의 정체된 혈액과 기운을 잘 통하게 하여 순환이 잘 되도록 한다.

05 전신요가

(2) 온몸 원으로 펼치기

● 수행 방법

① 손을 깍지 낀 상태로 원을 그린다.

② 왼쪽에서 오른쪽으로, 오른쪽에서 왼쪽으로 최대한 크게 원을 그리면서 돌려준다.

③ 3회 반복한다.

15) 몸풀기 연속동작

◉ 수행 방법

(1) 온몸 펼치기

① 앞 동작과 연결되며 두 손을 들어
   상체를 뒤로 젖혀 부드럽게 움직여준 다음
   상체를 앞으로 뚝 부러지듯이 숙여 풀어준다

(2) 하늘 향해 펼치기

① 왼쪽에서 오른쪽으로 돌고
   오른쪽에서 왼쪽으로 돌며,
   가볍게 뛰며, 두손을 모아 하늘을 향해
   툭툭 털듯이 손끝을 뿌려준다
② 온몸에 쌓인 탁한 기운과 마음에 담아
   둔 업業의 잔상들을
   하늘을 향해 기분 좋게 날린다.

05 전신요가

◆ **수행 효과**

① 기혈순환이 잘 되도록 한다.

② 몸속의 탁기濁氣와 노폐물을 빠르게 분해하여 체외로 배출한다.

③ 몸 안의 사기邪氣와 악기惡氣, 긴장을 풀어내는 이완동작이다.

(3) 온몸 두들기기

① 손바닥을 오목하게 하여 온몸을 상·하, 좌·우, 전·후 등 각 방향으로 골고루 두드린다.

② 왼팔 → 왼쪽 어깨 → 오른쪽 어깨 → 오른쪽 팔 → 가슴 → 배 → 단전 → 다리 안쪽 → 다리 앞쪽 → 다리 옆쪽 → 다리 뒤쪽의 순서로 온몸을 두드린다.

05 전신요가

16) 정리호흡

◉ 수행 방법

(1) 흉식(胸息)

① 양발을 반듯이 하여 어깨 넓이로 벌리고 네 손가락으로 엄지를 가볍게 감싸고 가슴 앞에서 가볍게 모은다.

② 숨을 마음껏 들이쉬며 두 팔을 벌려 가슴을 편다.

③ 잠시 멈추었다가 내쉬면서 다시 두 손을 모은다.

④ 3회 반복한다.

(2) 평식 (平息=丹田息)

① 양발을 반듯이 하여 어깨 넓이로 벌리고 손을 단전에 겹쳐 올려놓는다.

② 숨을 단전으로 편안하게 들이마시고, 다시 편안하게 내쉰다.

③ 가빴던 숨을 고르고 긴장했던 기운을 가라앉혀 심신을 이완시킨다.

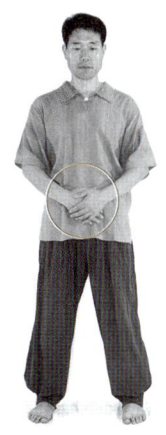

05 전신요가

17) 새마음 구호

　새마음 구호

새 마음

새 몸

새 생활로

새 사람이 되어,

새 가정

새 나라

새 세계

새 회상 이룩하자!

■ 2회 힘차게 반복한다.

늘 건강한 심신心身으로 사은四恩(천지은, 부모은, 동포은, 법률은)의 은혜에 감사 보은하는 삶을 살기를 다짐하는 서원을 올린다.

도교에서는 최고의 경지를 단丹이라 한다.
이는 영단靈丹이 뭉쳤다는 뜻이다.
요가도 선의 일종인데 이것은 외단外丹을 뭉치는 것이다.
운동을 할 때 주먹에다 단을 뭉치면 주먹이 단이 되고
머리에 단을 뭉치면 머리가 단이 되는데
외단은 오래 가지 못하고
내단이라야 오래 갈 수 있는 것이다.
그러므로 우리는 단전에 단을 해야 중도가 된다.
단이 되었는가 안 되었는가를 보려면
호흡하는 것을 보면 알 수 있다.

〈대산종사〉 1976년(원기 61) 8월 12일

06 도인요가

도인법은 동양의 고래古來로부터 전해오는 양생법養生法이다.

도인導引이란 말은 당기고導 늘이다引는 뜻으로
천지의 기운을 나에게로 이끌어 들여 유통시켜 합일하는 방법이다.

앉은 자세에서 뜨겁게 열을 내어 특정 부위를 비비고, 두드리고,
당기고 밀어주어 심신의 생명력을 살아나게 하는 수련법이다.

매일 반복하여 수련해야 하며,
특정한 장소와 처한 환경을 가리지 않고
고요하고 맑은 마음으로 정신기운을 온전히 한 상태에서
온몸에 힘을 빼고 부드럽고 가볍게
감사한 마음으로 실행하는 것이 중요하다.

■ 도인 요가는
부드럽게綿, 가늘게細, 고르게調, 깊게深,
유연하게悠, 천천히緩, 조용하게靜, 길게長, 살며시微 해야 한다.

도인요가 차례

1) 눈 문지르기 - 고치叩齒
2) 코 문지르기
3) 얼굴(안면) 문지르기
4) 귀속 울려주기
5) 고막 울려주기
6) 귀 문지르기
7) 배(단전) 문지르기
8) 사타구니 문지르기
9) 목 문지르기
10) 허리(요추) 문지르기
11) 발바닥 문지르기

06 도인요가

1) 눈 문지르기와 고치(叩齒)

◉ **수행 방법**

① 반좌로 편안히 앉는다.

양손바닥을 36회 비벼준다.

양손바닥을 따뜻하게 비벼주는 것만으로도 전신의 기혈을

원활하게 해주며 원기를 북돋아 준다.

② 따뜻해진 손바닥을 눈에 대고 눈 안쪽에서 바깥쪽으로

지그시 문지른다.

③ 3회 반복한다.

④ 손가락 끝으로 지긋이 감은 눈 위를 가볍게 누르면서

윗니와 아랫니를 서로 36회 부딪친다.

◈ 수행 효과

① 눈의 충혈을 풀어주고 각종 눈 질환과 시력저하를 예방하며 시력회복에 큰 도움이 된다.

② 따뜻하고 윤택한 기운을 기분 좋게 눈에 넣어줌으로써 안력眼力을 향상시키고, 머리를 맑게 하고 정신의 안정을 가져오게 한다.

③ 신장과 간의 기능이 향상됨은 물론 중풍을 예방한다.

06 도인요가

2) 코 문지르기

◉ 수행 방법

① 반좌로 편안히 앉는다.

　　양손바닥을 뜨겁게 36회 비벼준다.

　　엄지손가락아래 도톰한 부분을 더욱 뜨겁게 한다.

② 손바닥(엄지손가락 아랫부분)으로 코 양옆을 상하로 문지른다.

③ 3회 반복한다.

④ 양손바닥을 36회 문지른다.

⑤ 검지 손가락으로 코밑(인중)을 좌우로 문지른다.

⑥ 왼쪽 오른쪽 교대로 해준다.

◈ 수행 효과

① 콧구멍에 혈액이 잘 통하게 하여 비강(鼻腔)의 온도를 일정하게 유지하며 기침을 멎게 하고 감기를 예방한다.
② 비염이나 축농증의 예방과 치료에 효과가 있다.
③ 폐의 기능을 좋게 한다.

06 도인요가

3) 얼굴(안면) 문지르기

◉ 수행 방법

① 반좌로 편안히 앉는다. 손바닥을 36회 뜨겁게 비벼준다.
② 얼굴 전체를 안쪽에서 바깥쪽으로 둥글게 원을 그리듯이 부드럽게 문지른다.

◈ 수행 효과

→ 얼굴의 혈액순환이 원활해져 윤기와 광채가 나며, 피부가 맑아진다.
→ 감기를 예방하고 치료하며 얼굴에 주름이 생기는 것을 예방한다.

 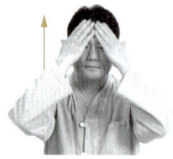  

4) 귀속 울려주기

● 수행 방법

① 양손의 검지를 비틀어 막듯이 귓속에 넣었다가 순간적으로 '뽁' 소리가 나게 뺀다.
3회 반복한다.

◆ 수행 효과

① 귀를 밝게 한다.
② 몸의 균형감을 높혀준다.
   너무 강하게 하면 상처가 날 위험이 있으므로 주의해야 한다.

06 도인요가

5) 고막 울려주기

◉ 수행 방법

① 양손을 뒷머리에 대고 양손바닥을 양손바닥 끝부분으로
   귀를 가리고 일체의 소리에 반응을 멈춘다.
② 검지를 중지위에 올려놓고 튕겨서 후두부를 골고루 자극을 준다.
③ 36회 한다.
④ 양손을 펴서 손가락 끝으로 머리 전체를 톡톡 두드려준다.

◈ 수행 효과

① 대뇌가 건강해지고, 머리카락이 윤택해진다.

② 풍風을 예방하고 원기를 북돋아준다

③ 두통, 고혈압, 중풍을 예방하고 치료하는데 효과적이다.

④ 보고, 듣고, 냄새 맡고, 말하고, 생각하고 분석하느라 지친 뇌와 근육 신경계를 자극해 깨어나게 한다.

⑤ 머리가 맑아지며 시원해진다.

06 도인요가

6) 귀 문지르기

귀는 신장의 기운을 대변하므로 콩팥이 지치거나 노쇠하면 귀에 이상이 생긴다.

◉ **수행 방법**

① 검지와 중지 사이에 귀를 끼우고 상하로 36회 문지른다.
  귀가 화끈거릴 정도로 강하게 자극한다.
② 엄지와 검지로 귀를 잡아 위로 올린다.
  옆으로 잡아 늘인다. 밑으로 잡아 내린다.

◆ 수행 효과

① 두통과 이명(귀울림)현상을 예방하고 치료하며 신장기능이 강화되고 심장이 튼튼해진다.
  귀 문지르기를 정성껏 하면 활력이 솟아나게 된다.
② 이명증이나 청력 회복에 효과적이다.

06 도인요가

7) 배(단전) 문지르기

◉ **수행 방법**

① 두손바닥을 아랫배에 포개놓고 배꼽을 중심으로 배 전체를 시계방향으로(우에서 좌) 36회 문지른다.

② 주먹을 가볍게 쥐고 단전주위를 36회 쳐준다.

◆ **수행 효과**

① 단전을 자극함으로써 단전자리에 힘이 생기고 원기가 충만해지며 몸과 마음과 기운의 안정에 큰 도움이 된다.

② 수승화강에 도움이 되어 선천의 원기를 회복하고 후천적 생명의 근원인 곡기穀氣의 소화 흡수 대사를 원활하게 하여 식욕을 증진시킨다.

③ 위장을 튼튼하게 하여 소화를 촉진하며 비위질환을 제거한다.

8) 사타구니 문지르기

◉ 수행 방법

① 두 손으로 배꼽 양옆(신장)에서 사타구니 쪽으로 36회 문지른다.
② 신장부위와 사타구니 전체가 훈훈해지는 열감이
   가득해질 수 있도록 지속적으로 문질러준다.

 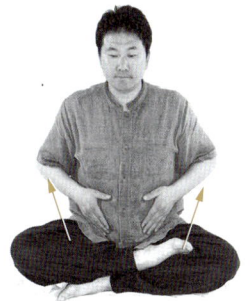

◆ 수행 효과

① 간, 비, 신장과 관련이 되어 피로를 제거하고 소화를 촉진하며
   신장기능과 전립선기능을 좋게 한다.

06 도인요가

9) 목 문지르기

◉ **수행 방법**

① 36회 손바닥을 뜨겁게 문지른다

② 손바닥으로 좌우 목을 12회 문지른다.

③ 목의 앞쪽을 12회 문지른다.

①

②

◈ 수행 효과

① 목을 중심으로 한 경락의 소통에 도움이 되며 머리를 맑게 해준다.

② 갑상선을 자극해서 피로를 회복하고 정신을 안정시킨다.

③ 임맥, 독맥, 위, 폐, 소장, 대장, 삼초, 방광 등이 위주가 된다.
목은 상단전과 하단전을 연결하는 중요한 통로이며
강한 자극에 오히려 경락이 막히므로 부드럽게 자극을 주어야 한다.
긴장성 두통해소에 좋다.

③

④

06 도인요가

10) 허리(요추) 문지르기

◉ **수행 방법**

① 손바닥을 뜨겁게 비빈 후 등의 양쪽 허리에 댄다.

② 허리에서 엉덩이 위까지 36회 문지른다.

　손등으로 지압을 하면 더욱 효과적이다.

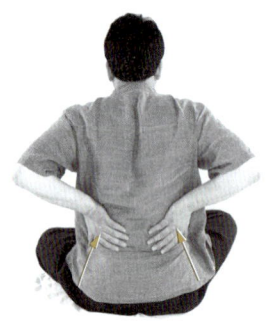 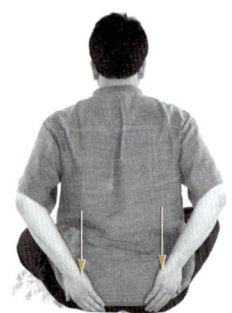

◆ **수행 효과**

① 방광경을 위주로 냉해지고 약해지기 쉬운 신장 기능을 활성화한다.

② 허리가 구부러지지 않게 하며 요통을 예방한다.

③ 요추 전반에 혈액순환을 왕성하게 하여 심신의 저력底力을 기르게 한다.

④ 대장, 소장, 신장, 방광기능 등을 좋게 하여 전신의 수승화강 조절능력을 높인다.

11) 발바닥 문지르기

◉ 수행 방법

① 편안히 앉은 상태에서 왼쪽 발을 약간 내밀고 오른손으로 발바닥 중앙의 용천을 중심으로 36회 문지른다.
② 그 손을 눈에 대고 안쪽에서 바깥쪽으로 문지른다.
③ 반대로 36회 한다.
④ 양발을 모은 후 발바닥 위를 36회 문지른다.

06 도인요가

◆ 수행 효과

① 용천을 자극하여 음陰을 자양하고 심장의 불기운心火을 내려
수기를 상승시킨다.

② 노궁과 용천이 서로 마주보게 하여 심장기운이 안정되며
신장기운과 조화를 이루게 하여 심신을 안정하고 쾌적하게 하여
잠을 잘 자게 한다.

③ 간을 편안하게 하고 눈을 밝게 한다.

④ 대산 종사는 법륜대를 사용하였다.

다 머리를 만져 보라.
머리가 뜨겁다는 것은 불이 붙었다는 것이고
그로 인해서 병이 나는 것이다.
丹田禪을 많이 하면 불이 꺼진다.

〈대산종사〉 원기 61년(1977년) 7월 19일.

Yoga

Ⅲ 선요가 수행

▶ 본장은 선요가의 실제 프로그램 운영 사례를 녹취하여 참고 할 수 있도록 그대로 소개합니다.

가. 선요가 안내

대산종사는 요가나 도인법의 기본은 긴장과 이완, 이완과 긴장을 적절히 조절하여 의식통제, 호흡통제, 육신통제를 법으로 할 때 물기운을 올리고 불기운을 내리는 수승화강이 조절되고 정신 통일이 되어 모든 질병을 예방하고 극복할 수 있는 힘이 생긴다고 하셨습니다. 선요가를 통해 우리들이 모든 질병으로부터 해방되어 완전한 건강을 지킬 수 있는 바탕을 이루고 결국은 성불제중의 대원을 이루는 원동력이 되기를 염원하면서 선요가를 하겠습니다.

선요가의 순서는 먼저 발성요가와 오단호흡을 하고 간단히 전신을 이완하는 요가를 한 후 입정에 듭니다. 출정을 한 후에는 앉은 채로 도인요가를 한 후 서서하는 전신 요가를 하는 순으로 진행합니다.

나. 준비요가

먼저 준비요가(중간에 할 때는 정리요가라고 함)를 하겠습니다. 선요가를 하는 가운데 호흡과 기운과 의식을 고를 때 사용합니다. 두 손을 얼굴 앞쪽에서 어깨 넓이로 벌리고 위에서 아래로 크게 뿌려 줍니다. 이때 고개도 보조를 맞추어 같이 위 아래로 흔들어 주는데, 반드시 숨을 들이마시고(위) 내쉬면서(아래) 합니다. 세 번 연속해서 합니다.

이어서 두 팔을 앞으로 쭉 펴고 두 손을 위 아래로 교차하면서 좌우로 흔들어 줍니다. 고개도 같이 좌우로 번갈아 가며 흔들어 줍니다. 세 번 연속해서 합니다.

마지막으로 두 손을 뻗은 상태에서 크게 원을 그리면서 어깨를 중심축으로 해서 돌려줍니다. 앞으로 세 번, 반대로 세 번 크게 돌려줍니다.

다. 발성요가

발성요가는 말 그대로 소리를 내면서 하는 요가입니다.

아- 어- 음- 이 세 소리를 호흡을 들이마시고 토해내면서 고르고 길게 합니다. 그 가운데 우리들의 기운과 호흡이 조절되고 의식도 단전에 집중이 됩니다.

각 동작은 세 번씩 연속해서 해주는데 반드시 숨을 들이마시고 토해내면서 합니다.

의식은 아랫배 하단전下丹田에 두고 하면 됩니다.

먼저 아~음부터 하겠습니다.

숨을 쭉 들이마시며 팔을 위로 쭉 펴서 올리고 숨을 천천히 토해내며 아~~음, 이때 소리와 같이 손도 천천히 내려 단전에 모읍니다.

마무리는 '음'으로 합니다.

다시 한 번 더 마음껏 들이마시고 아~~음

한 번 더 합니다.

천천히 숨을 들이마시고 '아~~음,

동작을 마치면 한 번 더 가볍게 숨을 들이마시고 토해내면서 호흡을 조절합니다.

두 번째 어~음입니다.

두 손은 가슴 앞에 가볍게 주먹을 쥔 상태에서 가슴으로 숨을 마음껏 쭉- 들이마시며 양옆으로 벌려줍니다. 그 상태에서 어~~음 하면서 다시 양손을 가슴 앞으로 천천히 모읍니다.

세 번 연속해서 합니다.

천천히 들이마시고 토해내면서 어~~음,

다시 한 번 들이마시고 어~~음,

한 번 더 합니다. 어~~음.

다음은 양손을 단전에 모으고 단전에 숨을 마음껏 들이마시고 천천히 토해내면서 음~~, 합니다.

역시 세 번 연속해서 합니다.

숨 들이마시고 토해 내면서 음~~,

다시 한 번 단전이 충만하게 숨을 들이마시고 내쉬면서 음~~,

한 번 더 합니다. 음~~.

이제 아~, 어~, 음~ 을 삼등분으로 나누어서 한 동작에 함께 합니다.

숨을 마음껏 들이마시며 양손을 하늘을 향해 쭉 올립니다.

양손을 숨을 토해내는 속도에 맞춰 천천히 단전으로 내리면서 아~음 삼분의 일,

어~음 삼분의 일,

음~음 삼분의 일 해서 한 동작에 완성하면 됩니다.

마찬가지로 세 번합니다. 숨 들이마시고 토해내면서 아~, 어~, 음~

자, 한 번 더 합니다.

아~, 어~, 음~,

한 번 더 아~, 어~, 음~.

이상으로 발성요가를 마칩니다.

라. 오단호흡

오단호흡을 합니다.

단계별 호흡은 각각 3회씩 실시하고 다음 단계로 넘어가기 전에는 반드시 평식(단전호흡)으로 숨을 골라줍니다.

먼저 흉식胸息입니다.

두 손을 가슴 앞에 모으고 좌우로 펼치면서 가슴을 활짝 열고 마음껏 숨을 쭉- 들이마십니다. 자기가 들이마실 수 있는 최대의 양을 들이마신 상태에서 잠깐 멈추었다가 가슴으로 손을 모으면서 천천히 토해냅니다. 완전히 토해낸 후 다시 한 번 가슴을 활짝 열면서 마음껏 숨을 쭉- 들이마시고, 천천히 토해냅니다.

　같은 방법으로 한 번 더 합니다. 마음껏 숨을 쭉 들이마시고 멈추었다가 다시 천천히 내쉽니다.

　이제 두 손을 아랫배 단전에 모으고 평식平息으로 호흡을 조절합니다. 흉식을 하며 가빠졌던 호흡을 자연스럽게 숨을 들이마시고 내쉬면서 편안하게 골라 줍니다.

　두 번째 완전식完全息입니다.

　완전식은 아랫배 단전에 충분하게 숨을 들이마신 상태에서 멈추었다가 아랫배를 홀쭉하게 하여 가슴 위로 쭉 끌어 올렸다가 다시 아랫배 단전에 툭 떨어뜨린 후 천천히 토해 냅니다.

　아랫배가 등에 닿는다는 심경으로 쭉 토해내고, 다시 아랫배를 불룩하게 내밀면서 숨을 깊이 들이마시고, 가슴으로 끌어 올렸다가 잠깐 멈추고 다시 아랫배 단전에 툭 떨어뜨리고 천천히 토해 냅니다.

　뱃가죽이 등에 닿는다는 심경으로 토해내면 자연스럽게 다시 아랫배를 불룩하게 만들면서 숨을 들이마실 수가 있습니다. 멈추었다가 가슴으로 쭉 끌어올리고 멈추었다가 다시 아랫배[丹田]에 툭 떨어뜨린 상태에서 천천히 토해냅니다.

　이제 평식으로 숨을 들이마시고 토해내면서 호흡을 조절합니다.

자연스럽게 들이마시고 내쉬며 편안하게 골라줍니다.

세 번째 법륜식法輪息입니다.

법륜식은 태아가 엄마 뱃속에 있을 때 하던 호흡으로 아랫배에 숨을 쭉 들이마신 상태에서 의식으로 꼬리뼈를 거쳐 척추를 지나 현궁을 돌아서 이마와 가슴을 지나 다시 단전에 내려서 토해내는 형식입니다.

한 번 해볼까요?

아랫배에 숨을 들이마신 상태에서 의식을 따라갑니다. 꼬리뼈를 따라서 척추를 타고 올라서 현궁 이마 가슴 단전에 내리고 천천히 토해 냅니다.

같은 방법으로 2회 연속합니다.

아랫배에 숨을 쭉 들이마신 상태에서 의식을 따라서 미관, 척추, 현궁, 이마, 가슴, 단전에 내려서 천천히 토해 냅니다.

천천히 들이마시고 꼬리뼈, 척추, 현궁, 이마, 가슴, 단전에 내려서 토해내고 호흡을 편안하게 합니다.

자연스럽게 숨을 들이마시고 토해내면서 편안하게 호흡을 골라 줍니다.

네 번째 종식踵息입니다.

종식은 발뒤꿈치로 호흡을 하는 형식입니다.

물론 의식적으로 합니다.

두 손을 자연스럽게 옆으로 내려놓습니다. 발뒤꿈치에 의식을 모으고 가늘고 길게 숨을 들이마시면서 발뒤꿈치까지 내립니다. 마치 풍선에 바람을 넣듯이 미세하고 여리게 숨을 들이마시고 천천히 토해냅니다.

종식은 오단호흡에서 마지막 수준에 도달한 사람이 할 수 있는 호흡입니다. 가늘고 길게 숨을 들이마시는데 의식을 따라 발뒤꿈치까지 내려갔다가 가늘고 길게 또 천천히 숨을 내쉽니다.

이때의 호흡은 코끝에 아주 가벼운 새의 깃털을 갖다 대어도 움직이지 않을 정도로 가늘고 길고 미세하게 합니다. 따라서 가장 어렵고 많은 연습이 필요한 호흡입니다.

이제 두 손을 아랫배 단전에 포개서 모으시고 호흡을 편안하고 자연스럽게 하면서 숨을 골라줍니다. 같은 방법으로 2회 연속합니다.

다섯 번째 휴식休息입니다.

휴식은 이[齒牙]사이로 우리 몸 안에 있는 모든 노폐물을 허공에 강하게 내뿜는다는 심경으로 이를 마주한 상태에서 잇새로 강하게 숨을 내뿜는 겁니다.

아랫배 단전에 숨을 쭉 들이마신 상태에서 잇새로 2~3회 끊어서 강하게 내쉽니다. 맘껏 들이마시고 잇새로 내쉽니다.

같은 방법으로 한 번 더 합니다.

이제 호흡을 골라주고 둥글게 시계방향으로 원을 그리면서 배를 문질러 줍니다. 두 손을 가볍게 쥐고 아랫배 단전을 가볍게 두드려 줍니다.
이상으로 오단호흡을 마칩니다.

마. 몸풀기(이완)

이제 좌선(입정)에 들어갑니다.
좌선에 들어가기 전에 몸풀기로 가볍게 몇 동작을 같이 합니다.
먼저 기지개 켜는 동작입니다.
두 손을 깍지 끼고 머리 뒤로 넘겨 숨을 들이마시고 토해내면서 하늘을 떠밀어 올린다는 심경으로 손바닥을 하늘로 향하게 하여 쭉– 폈다가 깍지를 풀면서 아래로 툭 부려줍니다.
한 번 더 합니다.
깍지를 낀 상태에서 숨을 들이쉬고 토해내면서 하늘을 향해 쭉 뻗었다가 툭 부려줍니다.
한 번 더 합니다.

이번에는 양손을 '앞으로 나란히' 자세로 쭉 뻗은 후 손바닥이 하늘로 향하게 한 상태에서 숨을 들이마시고 토해내면서 가슴을 열고 뒤로 쭉 쭉 펴 줍니다.

열 번 합니다.

숨을 토해내면서 가슴을 열어주면 어깨와 견갑골이 충분하게 풀어지기 때문에 시원함을 느낄 수 있습니다.

세 번째로 삼각형 자세입니다.

왼발을 어깨넓이보다 약간 더 넓게 약 45도 앞으로 벌린 상태에서 오른손은 위로 쭉 뻗어 귀에다 붙이고 왼손은 수평으로 쭉 폅니다. 숨을 들이마시고 토해내면서 그대로 옆으로 숙입니다. 왼손은 왼발목을 잡고 시선은 하늘로 향해 뻗은 오른손을 바라봅니다.

이 자세를 잠시 유지하면 옆구리가 신장되고 긴장이 풀립니다.

숨을 들이마시면서 일어납니다. 같은 방법으로 반대쪽으로 합니다.

오른발을 앞에 내고 똑같은 동작으로 숨을 들이마시고 토해내면서 삼각형 자세를 완성합니다. 동작을 완성한 상태에서 5초 정도 그대로 머무릅니다. 호흡을 잠깐 멈췄다가 숨을 들이마시고 원래로 돌아옵니다.

다음은 허리 돌리기를 합니다.

두 발을 어깨 넓이로 벌린 상태에서 동작을 크게 시계 방향으로 허리를 충분하게 돌려줍니다. 반대로도 돌려줍니다.

그대로 선 상태에서 전신 두드리기를 합니다.
전신 두드리기는 손바닥을 오목하게 한 후 오른쪽, 왼쪽, 상체, 하체를 고르게 두드려 줍니다.
위에서 아래로 내려왔으면 아래에서는 위로 올려주고, 왼쪽을 했으면 오른쪽도 두드립니다.
위에서 아래로 아래서 위로 두드려 주고 배를 두드려 주면 등도 두드려 주고, 상체를 마쳤으면 하체로 옮겨갑니다. 바깥에서 아래로 쳐 내렸으면 안에서는 위쪽으로 쳐 올립니다.
가볍게 두드려 전신을 충분하게 이완시켜 줍니다.
이제 자리에 앉습니다.

먼저 두 손을 뒤로 뻗어 바닥에 의지하고 발을 쭉 펴고 앉아서 발끝을 맞부딪쳐 줍니다. 발과 발을 가볍게 부딪치면서 하체를 풀어줍니다.
발끝을 모아 발목에 충분한 자극이 갈 수 있도록 앞으로 밀고 뒤로 잡아당기고 앞으로 밀고를 반복해 줍니다.
이제 두 발을 모아 둥글게 돌려줍니다. 반대로도 돌려줍니다.

오른발을 왼 허벅지에 올리고 왼손으로 발목을 잡고 오른손으로 발가락 전체를 감싸 잡은 상태에서 충분하게 발을 돌려줍니다.

반대로도 돌려줍니다.

발목을 충분히 풀어줌으로써 우리가 좌선을 할 때 느낄 수 있는 통증을 완화시킬 수 있고 바른 자세를 유지할 수 있습니다.

충분하게 발목을 풀어준 후에 발목을 최대한 아랫배 쪽으로 잡아당긴 상태에서 상체를 앞으로 쭉 숙여줍니다. 이때 숨을 들이마셨다 토해내면서 허리를 숙여주고 다시 들이마시며 일어서고 다시 숨을 토해내면서 허리를 쭉 숙여주어 허리와 하체에 유연성을 기릅니다.

다음은 척추 반 비틀기입니다.

오른쪽 발을 왼쪽 무릎 옆 바깥으로 세우고 왼쪽 손으로 세워진 오른 발목을 잡습니다. 오른 손은 등 뒤에 붙여 줍니다.

숨을 들이마시고 오른쪽으로 몸을 비틀어 뒤를 돌아봅니다.

척추의 유연성을 길러주기 위해서 뒤를 돌아볼 수 있는 만큼 돌아봅니다. 발을 바꿔서 같은 방법으로 해줍니다.

이제 앉는 좌법을 같이 연습합니다.

먼저 평좌平坐입니다.

두발을 나란히 평행하게 놓고 앉는 좌법입니다.

이때 유의할 것은 양 무릎이 바닥에 밀착이 되어야 합니다. 만약 바닥에 밀착이 되지 않는다면 엉덩이에 방석을 받쳐서라도 양 무릎을 바닥에 밀착해야 합니다.

두 번째로는 반가부좌半跏趺坐입니다.

한쪽 발은 최대한 엉덩이 쪽으로 잡아당겨 바닥에 평행하게 놓은 상태에서 반대편 발을 평행하게 놓은 쪽 허벅지 위에다가 안쪽으로 최대한 잡아당겨 올려놓고 양 무릎을 편안하게 유지시켜 주는 겁니다.

마지막으로 결가부좌結跏趺坐입니다.

반가부좌에서 반대편 밑에 있는 발을 다시 반대편 허벅지에 올리는 것이 결가부좌입니다.

한 발을 반대쪽 허벅지에 올려놓고 또 반대편 발을 다른쪽 허벅지에 올려놓습니다. 이 상태로 양 무릎이 균일하게 바닥에 밀착되고 턱은 당기고 두 손은 편안하게 무릎에 내려놓으면 온전한 결가부좌가 됩니다.

이와 같이 앉는 좌법에는 평좌, 반가부좌, 결가부좌가 있습니다. 본인의 상태와 능력에 따라 세 가지 좌법 중 하나를 선택하면 됩니다.

그러나 궁극적으로는 결가부좌를 권합니다. 결가부좌로 앉은 후 요골수립腰骨竪立과 긴찰곡도緊紮穀道를 해야 합니다.

반듯하게 앉은 상태에서 상체를 앞으로 숙이면서 엉덩이를 뒤로 쭉 빼고 요추에서부터 척추, 마지막 경추까지 충분히 세우고 턱을 당기면 엉덩이가 뒤로 빠진 상태에서 척추가 반듯하게 세워집니다. 머리에서부터 어깨, 상체의 힘을 완전히 빼서 아랫배 단전에 툭 부려놓습니다.

이 상태가 요골수립腰骨竪立입니다.

어깨와 귀는 일직선으로 일치시키고 코끝에서 추를 떨어뜨리면 배에 닿는 것처럼 반듯하게 앉습니다. 그러나 반듯하게 세운다고 해서 억지로 힘을 주면 오히려 역기逆氣가 되어 힘이 들고 괴로울 수도 있으니 자연스럽게 머리에서부터 어깨, 상체의 힘을 아랫배에 자연스럽게 툭 부리는 자세가 중요합니다.

이 상태에서 엉덩이를 좌우로 움직여 항문을 조이는 것이 긴찰곡도緊紮穀道입니다.

곡도穀道는 곡식이 드나드는 길이란 뜻이고 긴찰緊紮은 조인다는 뜻입니다. 즉 긴찰곡도는 음식물이 입으로 들어가서 항문으로 나오기 때문에 입과 항문을 딱 조이라는 뜻입니다. 따라서 입을 굳게 다물고 엉덩이를 움직여 항문을 조여주면 긴찰곡도가 되는 것입니다.

앉는 좌법의 핵심은 요골수립腰骨竪立과 긴찰곡도緊紮穀道입니다. 이것이 입정入定의 기본입니다.

바. 입정(入定)

입정합니다. (죽비)

편안히 앉은 자세에서 단전호흡을 합니다.

초보자는 특별한 방법에 유념하지 마시고 편안하고 자연스럽게 숨을 들이마시고 내쉽니다.

앞에서 보면 마치 눈을 반개半開한 것처럼 보입니다. 이것은 수마睡魔 즉 졸음을 쫓기 위해서 눈을 뜨고 한다는 겁니다. 정신 기운이 상쾌해서 졸음에 잡혀가지 않을 정도가 된다면 때로는 눈을 감아도 상관없습니다.

몸에 있는 기운을 아랫배 단전에 갖다 부리고 의식도 아랫배 단전에 집주集住하고, 호흡의 대중도 아랫배에 두어 의식과 기운과 또 우리의 호흡이 하나로 일치가 될 때에 수승화강水昇火降은 자연히 이루어집니다.

만일 좌선을 하는 가운데 다리가 아프면 잠깐 바꿔서 놓는 것도 좋습니다. 잡념雜念이 일어나면 잡념인 줄 알고 내버려 두면 스스로 없어집니다.

　우리들 의식가운데 잡념을 없애려고 하는 그 마음이 오히려 수많은 망상妄想을 일으키게 됩니다. 생각이 일어나면 다만 '생각이 일어났구나' 하고 지켜만 보면 생각이 스스로 없어집니다.

　반드시 단전에 기운과 호흡과 의식의 대중을 놓지 않으면 수승화강水昇火降은 그 가운데 있게 됩니다. 입정入定=坐禪의 경우 초보자는 15분 정도에서 시작하여 점점 늘려가는 것이 좋습니다.

　(죽비) 출정出定합니다.

　출정을 한 후에 몸을 급작하게 움직이면 안 됩니다.
　먼저 의식을 깨우고 긴 호흡으로 몸을 깨웁니다.
　그 상태에서 아픈 다리와 발을 바꾸어 놓아도 됩니다.
　두 손을 양 무릎 위에 올려놓고 상체를 앞으로 쭉 숙였다가 천천히 숨을 들이마시며 상체를 세웁니다.
　허리를 축으로 좌우로 크게 원을 만들며 돌려줍니다.
　반대로도 돌려줍니다.
　이제 도인요가를 합니다.

사. 도인요가

먼저 눈 문지르기입니다.

모든 동작을 할 때에 손바닥은 서른여섯 번을 문지르고 세 번 연속합니다. 서른여섯 번이라는 숫자에 너무 집착하지 말고 상황에 따라서 변동을 줄 수 있습니다.

손을 비벼서 에너지를 충만하게 일으킨 다음 눈 문지르기를 합니다.

안쪽에서 바깥쪽으로 세 번씩 밀어내듯 문지릅니다.

다시 한 번 손을 비비고 안쪽에서 바깥쪽으로 세 번 연속해서 지그시 누른 상태에서 문질러 줍니다. 안쪽에서 바깥쪽으로, 한 번 더 합니다.

강하고 세게 빠르게 손바닥을 문질러 열기를 일으킨 다음 안쪽에서 바깥쪽으로 가볍게 문지르기를 세 번 합니다.

눈 문지르기 두 번째 동작은 고치叩齒입니다.

서른여섯 번을 문지른 다음 손가락으로 눈을 지그시 누른 상태에서 이를 서른여섯 번 마주쳐 줍니다. 여기서 고치叩齒는 이를 서로 마주쳐 두드려 준다는 뜻입니다.

두 번째 코 문지르기입니다.

먼저 엄지손가락 밑에 도톰한 부분을 주로 세게 문질러서 콧잔등 옆으로 위에서 아래로 쓸어내려 주기를 세 번씩 하면 되겠습니다.

이렇게 하면 비강鼻腔(콧구멍) 소통이 원활하게 되어 시원함을 느낄 수가 있습니다.

위에서 아래로 세 번씩 문질러 내려 줍니다.

쓸어내려 주듯이 가볍게 문질러 줍니다.

3회를 같은 방법으로 반복합니다.

위에서 아래로 손깍지를 끼고 해도 되고 그대로 합장한 채로 위에서 아래로 쓸어내려도 됩니다.

코 문지르기 두 번째는 인중 문지르기입니다.

검지를 세워서 코 밑 인중을 서른여섯 번 좌우로 문지릅니다.

요가의 기본은 상·하, 좌·우, 전·후의 완전한 조화를 이루기 위함입니다.

오른손가락을 했으면 반대편 왼손가락으로도 똑같이 서른여섯 번을 문질러 줍니다.

세 번째 안면 문지르기입니다.

손을 세게 비벼 얼굴전체를 둥글게 원을 그리면서 서른여섯 번 문질러 줍니다. 가볍게 문질러 주면 시야도 아주 맑아지고 가뿐해 짐을 느낄 수가 있습니다. 얼굴 전체를 둥글게 원을 그리면서 마치 우리 여성분들이 세안을 하듯이 부드럽고 사랑스럽게 원을 그리면서 문지릅니다.
3회 반복합니다.

네 번째는 귓속 울려주기입니다.
양쪽 검지를 세워서 귓구멍을 살짝 비틀어 막습니다.
꽉 막은 상태에서 순간적으로 손가락을 빼서 '뻑' 소리가 나게 해주면 됩니다.
세 번 반복합니다.

다섯 번째 고막 울려주기입니다.
손바닥을 편 상태에서 손바닥 끝으로 귀를 막고 손가락은 뒷머리에 대고 가운데 중지에 두 번째 검지를 올리고 검지로 뒷머리를 튕기듯이 자극을 줍니다.
톡톡 소리가 나게 서른여섯 번을 두드려 주는데, 위 아래로 움직여 가면서 반복합니다.
손을 떼고 손가락 끝으로 머리 전체를 가볍게 톡 톡 소리가 나도록 골고루 두드려 자극해 줍니다.

여섯 번째 귀 문지르기입니다.

귀 문지르기는 검지와 중지 사이에 귀를 끼우고 상하로 세차게 골고루 자극이 되도록 문지릅니다.

귀는 상당히 무딘 기관이기 때문에 겨울철에는 자칫 동상에 걸릴 위험도 있습니다. 그래서 귀 문지르기를 자주 해주면 좋습니다.

서른여섯 번을 문질러 준 후 손가락으로 귀를 위에서부터 바깥 방향으로 세차게 잡아당겨 주고 맨 밑에 귓불을 잡아당겨 밑으로 뿌려 줍니다.

같은 방법으로 두 번 더 합니다.

일곱 번째 배 문지르기입니다.

배꼽을 중심으로 둥글게 시계 방향으로 원을 그려주면서 서른여섯 번 문질러 줍니다. 둥글게 배를 문질러 내장 기관을 자극해 줍니다.

여덟 번째 사타구니 문지르기입니다.

배꼽을 중심으로 양 옆의 배에서 사타구니 쪽으로 문지르는 겁니다.

사타구니 쪽으로 손을 쭉쭉 문질러 신장부위를 따뜻하게 해서 이뇨작용을 원활하게 해 주는 효과가 있습니다.

서른여섯 번을 마사지하듯이 문질러 줍니다.

아홉 번째 목 문지르기입니다.

목 문지르기는 좌우 손을 번갈아 가면서 목을 서른여섯 번씩 문질러 줍니다. 가볍게 또 기분 좋고 편안하게 문질러 줍니다.

오른손으로 하였으면 왼손도 똑 같이 반복해서 문질러 줍니다.

뒷목을 하였으면 앞에서 뒤로도 문질러 줍니다.

요가는 조화와 균형입니다.

오른쪽을 했으면 왼쪽으로 해 주고, 뒤쪽으로 했으면 또 앞쪽으로 해주고, 앉아서 했으면 서서 해 주고, 서서 했으면 또 앉아서 해 주고 이와 같이 전·후, 좌·우, 상·하 여섯 방향을 모두 다 완전하고 균형 있게 해 주는 것이 요가의 기본입니다. 그래서 한쪽으로 치우침이 없는 완전한 조화를 이루고자 하는 것이 요가입니다.

열 번째 요추 문지르기입니다.

엉덩이를 뒤로 쭉 뺀 상태에서 허리를 세우고 허리를 따뜻하게 위아래로 서른여섯 번 문질러 줍니다.

허리를 따뜻하게 해줌으로 허리를 강화시키는 요가입니다.

열한 번째 발바닥 문지르기입니다.

발 한쪽을 앞으로 내고 한 손으로 발목을 잡고 다른 한 손으로 발바닥을 세게 문지릅니다.

손과 발에는 모든 내장 기관의 혈이 다 모여 있습니다.

서로 마찰을 통해서 자극을 주고 서른여섯 번 문지른 상태에서 같은 방향의 눈을 바깥으로 쭉 문질러 줍니다.

반대편 발도 똑 같이 해줍니다.

한 손으로 발목을 잡고 한 손으로 발바닥을 세게 마찰을 한 후 눈을 앞쪽에서 뒤쪽으로 문질러 줍니다.

이상으로 도인 요가를 마칩니다.

도인요가는 옷을 가볍게 입은 상태에서 저녁 잠자리에 들기 전이나 아침에 일어나서 하면 더 좋습니다.

직접 맨살을 맞대고 하는 것이 가장 이상적이라고 할 수 있습니다.

아. 몸풀기(이완)

도인요가를 마친 후 바로 일어나지 말고 다리를 풀어 쭉 뻗은 상태에서 무릎을 두 손으로 눌러 주고 어루만지면서 풀어 줍니다.

두 손을 뒤로 해 바닥을 짚고 두 발끝을 서로 부딪치면서 풀어 줍니다.

그리고 오른발을 왼 허벅지에 깊숙이 잡아당겨 오른손으로 발목을 잡아

고정시키고 왼손으로 발가락 전체를 잡고 충분히 돌리면서 풀어줍니다. 충분히 돌리면서 풀어주었으면 왼 무릎 옆에 오른발을 세우고 척추 반비틀기를 해 줍니다.

　왼발도 오른 허벅지에 올려서 동일한 방법으로 해 줍니다.

　다시 두 다리를 쭉 뻗고 하체를 두 손으로 위에서 아래로 아래에서 위로 가볍게 두드리면서 마무리 해주고 자리에서 일어납니다.

자. 전신요가

　이제 자리에서 일어나서 전신요가를 합니다.

　손 요가입니다.
　두 손을 앞에다 모으고 가볍게 털어 줍니다.
　먼저 손가락 뽑기입니다.
　검지와 중지 사이에 반대쪽 손가락을 끼워서 하나씩 톡톡 뽑아줍니다.
　손가락 순서대로 뽑아줍니다.
　다음은 손바닥을 하늘로 향하여 앞으로 내고 새끼손가락부터 밖으로 꺾어줍니다. 숨을 들이마시고 내쉬면서 꺾어주고, 숨 들이마시고 내쉬면서 약지, 이번에는 중지, 숨 들이마시고 내쉬면서 검지, 마지막으로 전체손가락을 잡고 숨 들이마시고 내쉬면서 꺾어줍니다.

  반대편 손도 같은 방법으로 합니다.

  반대로 손바닥을 하늘로 향하고 새끼손가락부터 숨을 들이마시고 내쉬면서 꺾어줍니다.

  새끼, 약지, 중지, 검지, 전체 손가락을 잡고 숨을 들이마시고 내쉬면서 꺾어줍니다.

  두 손을 가볍게 털어주면서 마무리합니다.

  손목 비틀기입니다.

  앞으로 나란히 합니다.

  손바닥을 안쪽으로 뒤집어 손바닥이 바깥으로 향하게 한다음 반대로 교차하여 넘겨줍니다.

  손바닥이 마주보게 하여 깍지를 끼고 숨을 들이마시고 내쉬면서 안으로 감아 내어 앞으로 쭉 뻗어줍니다.

  상하로 좌우로 흔들어 주고, 다시 바깥으로 손을 오는 방향 그대로 가서 풀어주면 됩니다.

  반대로 깍지를 넘겨서 동일하게 해 줍니다.

목 요가입니다.

두 손을 뒤로 깍지 끼고, 편안하게 서 있는 자세에서 귀가 어깨에 닿는다는 마음으로 좌우로 번갈아 가며 세 번씩 숙여줍니다.

앞뒤로도 숙여 줍니다.

이번에는 정면을 바라본 상태에서 고개를 반듯하게 하여 좌우로 최대한 뒤를 바라보고 수평으로 목을 돌려줍니다.

세 번 반복해 주면 됩니다.

마지막으로 최대의 큰 원을 그리듯이 목을 돌려줍니다.

두 번째, 목 뒤 조여주기입니다.

손깍지를 끼어 뒷목에 대고, 숨을 들이마시고 내쉬면서 팔꿈치가 서로 맞닿을 수 있도록 강하게 천천히 조여 줍니다.

다시 숨 들이마시고 천천히 내쉬며 목을 꽉 조여 줍니다.

꽉 조인 상태에서 목을 좌우로 가볍게 움직이면 더욱 강한 요가를 할 수 있습니다.

이번에는 깍지 낀 손을 뒷머리에 대고 숨을 내쉬면서 턱을 가슴으로 잡아당기고, 팔꿈치로 관자놀이를 힘차게 조여 줍니다.

다시 한 번 숨을 쭉 들이마시고, 토해내면서 팔꿈치로 관자놀이를 힘차게 조여주면서 턱을 가슴으로 최대한 밀착합니다.

팔을 풀고 수평골반운동을 하겠습니다.

왼발을 약간 넓게 벌려 앞에 내고 두 손은 수평으로 나란히 뻗고 시선은 손끝을 바라봅니다. 그대로 발을 약간 넓게 벌린 후 숨을 들이마시고 토해내면서 상체는 그대로 유지하고 무릎을 직각이 되게 굽히고, 뒷발은 쭉 뻗고 시선은 손끝을 바라봅니다.

잠시 그대로 있다가 숨을 들이마시면서 일어납니다.

한 번 더 합니다.

숨 들이마시고 토해내면서 무릎을 굽히고 동작을 완성합니다.

방향을 바꾸어서 오른쪽으로 합니다.

숨 들이마시고 토해내면서 두팔을 수평으로 하여 쭉 펴고 오른 무릎을 굽혀주었다가, 다시 일어납니다.

같은 방법으로 한 번 더 합니다.

두 번째는 수직 골반운동입니다.

두 손을 합장하고 하늘을 향해 쭉 뻗은 다음 상체를 뒤로 넘기면서 합장한 손을 바라보면 됩니다. 숨 들이마시고 내쉬면서 상체를 뒤로 마치 활처럼 최대한 숙이면서 손끝을 바라봅니다.

한 번 더 합니다.

반대편 방향으로도 두 번씩 합니다.

숨 들이마시고 토해내면서 상체를 뒤로 숙인 상태에서 손을 바라봅니다.

세 번째는 두 손을 뒤로 깍지 끼고, 깍지 낀 손을 하늘로 올리면서 머리가 무릎에 닿는다는 심경으로 숨을 토해내면서 앞으로 숙여 줍니다.
허리를 최대한 굽혀서 무릎에 대 줍니다.
숨 들이마시고 한 번 더 합니다.
동작을 완성하고 잠깐 멈추며, 숨 들이마시고, 이때 깍지 낀 손은 최대한 하늘을 향해 올려줍니다.
반대편으로도 동일하게 해 줍니다.
숨 들이마시고 토해내면서 쭉 숙여 머리가 무릎에 닿게 합니다.
한 번 더 합니다.

이제 허리를 굽혀서 하늘을 봅니다.
다리를 넓게 벌리고 정면으로 선 자세에서 양 무릎사이로 얼굴을 숙여 반대편(뒤쪽) 하늘을 본다는 마음으로 최대한 숙여줍니다.
뒤로 깍지 낀 손이 최대한 하늘로 올라갈 수 있도록 합니다.
한 번 더 합니다.
숨을 들이마시고 토해내면서 동작을 완성하고 깍지 낀 두 손을 좌우로 흔들어 줍니다.

허리 뒤로 젖히기입니다.

두 손을 허리에 대고, 숨 들이마시고 내쉬면서 상체를 뒤로 최대한 젖혀 줍니다.

숨을 토해내면서 동작을 완성하고 잠시 멈춰주고, 숨 들이마시고 한 번 더 합니다.

토해내고, 숨 들이마시고, 좌·우로 움직여 주면 더욱 강한 요가가 됩니다.

몸통요가입니다.

일명, '지구 끌어당기기' 입니다.

기마자세로 선 상태에서 깍지 낀 손안에 지구를 안았다 생각하고, 세차게 좌우로 뿌려 주겠습니다.

다섯 번씩 합니다.

발을 어깨 넓이로 모으고 손바닥을 바깥으로 하여 가볍게 손깍지 끼고 좌·우, 상·하 흔들기로 정리합니다.

정리운동을 합니다.

숨을 들이마시고 토해내면서 팔을 상·하로 흔들어 주고, 좌·우로도 팔을 상하로 교차해 가며 흔들어 주고, 어깨도 가볍게 돌려줍니다.

한 번 더 합니다.

옆구리 요가입니다.
두 손을 수평으로 한 상태에서 좌우로 번갈아 가며 천천히 움직입니다. 시선은 앞쪽 손끝을 따라갑니다.
반대로도 합니다.
발은 고정하고, 손끝을 따라 천천히 자연스럽게 옆구리를 자극합니다. 세 차례 반복합니다.
다음은 좌우로 굽히기입니다.
양손을 수평으로 한 상태에서 좌우로 번갈아 가며 손을 발목에 댄다는 심경으로 좌우로 깊이 숙여줍니다.
이때 시선은 올라가는 손을 따라갑니다.
좌우로 세 번씩 합니다.
이제 허리 굽혀 틀어주기로 양손을 좌우로 교차하여 반대편 발에 닿도록 멀리 손을 뻗어 줍니다.

다리요가입니다.
두 발끝을 모으고 무릎도 붙이고, 손을 앞으로 수평으로 편 상태에서 앉았다 일어나기를 다섯 번 합니다.

양 무릎을 떼지 말고 하나, 둘, 셋, 넷, 다섯을 세면서 합니다.

허리요가입니다.
오른발을 뒤로 빼고 손도 수평으로 두손을 서로 마주한 후 왼쪽으로 빼고 머리와 발은 같은 방향입니다.
손을 왼쪽으로 하고 반대편 뒤로 빠진 오른쪽 무릎이 왼 겨드랑이를 찬다는 마음으로 다섯 번을 세차게 차올리는데, 네 번, 다섯 번은 연속동작으로 발이 땅에 닿지 않고 하면 됩니다.
다섯 번 합니다.
하나, 둘, 셋, 넷, 다섯, 같은 방법으로 방향을 바꿔서 합니다.
하나, 둘, 셋, 넷, 다섯.

골반요가입니다.
일명 '무릎 차올리기' 입니다.
가슴을 찬다는 마음으로 무릎을 가슴을 향해 힘차게 들어줍니다.
마찬가지로 네 번, 다섯 번째는 연속동작으로 발이 땅에 닿지 않도록 합니다.
하나, 둘, 셋, 넷, 다섯
반대편도 합니다.

하나, 둘, 셋, 넷, 다섯.

뜀뛰기를 합니다.
먼저 발뒤꿈치가 엉덩이에 닿게 3~4회 뛰고, 다음으로 양 옆으로 쭉 뻗어 3~4회 뛰고, 이제 다리를 앞으로 발끝이 하늘로 향해 차며 뜁니다.
다음에는 모둠발로 제자리에서 높게 뜁니다.

이제 제자리에 서서 호흡을 조절하겠습니다.
흉식을 합니다.
천천히 마음껏 숨을 들이마시고 토해내고 천천히 기분 좋게 숨을 들이마시고 토해냅니다.
두 손을 단전에 포개 놓고, 단전호흡으로 숨을 편안하게 골라줍니다.
깊은 숨쉬기 요가입니다.
양팔을 벌려 높이 들어 숨을 마음껏 쭉 들이마신 후 숨을 내쉬면서 단전을 힘차게 열두번 쳐줍니다.
하나, 둘, 셋, 넷, 다섯, 여섯, 일곱, 여덟, 아홉, 열, 열하나, 열둘.

단전강화 요가입니다.
기마자세로 서서 우주의 충만하고 생생한 기운을 내 단전에 끌어당긴다는 마음으로 두 팔을 하늘로 쭉 뻗은 상태에서 기합과 함께 힘차게 끌어당깁니다.

세 번 연속합니다.

하나 둘 - 얍, 하나 둘 - 얍, 하나 둘 - 얍.

몸풀기 요가입니다.

두 손을 깍지 끼고 손바닥이 바깥을 향하도록 하여 쭉쭉 뻗어줍니다.

반대편으로도 쭉쭉 뻗어줍니다.

이제 최대로 큰 원을 만들어서 완전하게 몸을 풀어줍니다.

완전하게 몸을 풀어주고, 반대로도 깍지 낀 손으로 최대의 큰 원을 그려줍니다.

손깍지를 풀고 몸을 상·하, 좌·우로 자유롭고 완전하게 돌리면서 풀어주고, 두 손을 모아서 제자리에서 전·후, 좌·우로 뛰면서 잇 사이로 숨을 강하게 내쉽니다. 내 몸 안에 있는 모든 노폐물을 허공에 뿜어낸다는 마음으로 힘차게 해 줍니다.

정리호흡을 합니다.

먼저 흉식을 합니다.

두 손을 가슴에 모아 마음껏 숨을 쭉 들이마시고 토해내고, 단전에 두 손을 모아 요가를 하며 가빠졌던 호흡도 편안히 고르고, 또 의식도 고요하게 고르고, 기운도 편안하게 골라줍니다.
  다시 한 번 자연스럽고 편안하게 호흡을 하면서 기운과 호흡과 의식을 완전히 편안한 상태로 골라 줍니다.

새마음 구호 합니다.

우리의 다짐
새마음 새몸 새생활로 새사람이 되어
새가정 새나라 새세계 새회상 이룩하자.
새마음 새몸 새생활로 새사람이 되어
새가정 새나라 새세계 새회상 이룩하자. 야!.

이상으로 선요가를 모두 마칩니다. 고맙습니다.

Yoga

Ⅳ 대산종사 건강법문

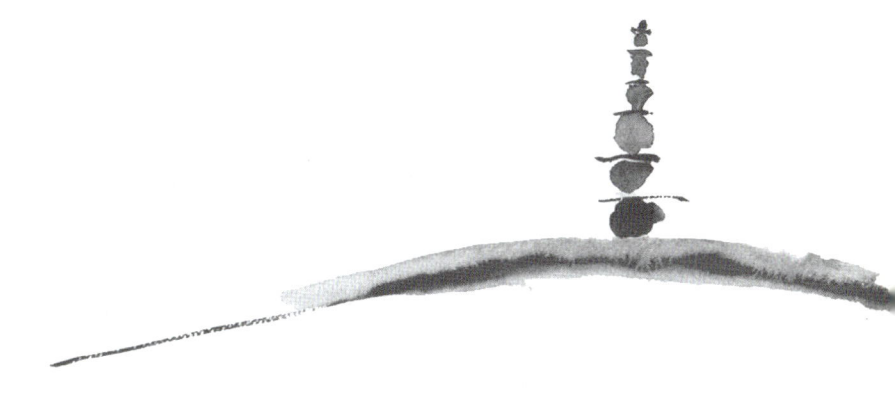

| 건강법(健康法) |

1. 매일 일찍 일어나고
   적당한 운동과 노동으로써
   튼튼한 신체를 단련할 일.

2. 여유있게 신경을 쓰고
   당초에 과한 신경 쓰일 일을 짓지 아니할 일.

3. 특히 식색食色을 주의할 것이니,
   일체 과한 욕심慾心은
   모든 병의 원인이 되며
   바로 죽음의 근본이 되나니라.

ii 건강법(健康法) II

1. 정신 – 반드시 아껴 쓸 일

    ① 조석으로 될 수 있으면 정신을 아껴 쓰고

    　특히 매 식후 30분 내에는 정신 쓰는 것을 삼가야 한다.

    ② 정신 아끼기를 등잔에 기름 아끼듯 하라.

2. 육신 – 되도록 적당한 운동을 할 일

    ① 적당한 노동과 운동을 하는 것이 몸 건강의 양약良藥이 된다.

    ② 보행步行은 유력한 건뇌술健腦術이 된다.

    ③ 기계는 쓰지 아니하면 녹이 나서 버리게 되고

    　육신은 쓰지 아니하면 피가 밭아서 못 쓰게 된다.

3. 음식 – 항상 조절해서 먹을 일

    ① 과식은 위장을 약하게 한다.

    ② 음식을 오래 저작咀嚼해서 먹고 존절히 먹는 것은

    　바로 피를 돕는 길이 된다.

    ③ 가죽 주머니도 많이 넣으면 터지게 되거든 하물며 얇은 창자랴.

4. 욕심 – 늘 조심할 일.

① 탐욕과 과식은 잠깐 사이에 건강과 생명을 빼앗아 가는
　　 원수로 알아야 된다.
　② 욕심은 마음을 어둡게 하여 진리를 못 보게 하는
　　 영겁의 봉사를 만든다.

5. 영양물 - 체질에 맞게 적당하게 취할 일.
　　 음식으로 보補하는 것은
　　 토지에 좋은 퇴비를 넣어서 거름하는 것과 같고
　　 임시 약을 쓰는 것은 토지에 비료를 넣어서 기르는 것과 같다.

6. 수면 - 적당하게 할 일.
　① 때 아닌 때 낮잠은
　　 혈액 활동을 일시에 정지시키는 해害가 있다.
　② 많이 피로할 때 삼십 분 이내의 수면은 피로를 풀 수 있다.

7. 해심害心을 두지 말고 해물害物을 절대로 하지 말 일.
　① 내 생명을 사랑하고 아끼면
　　 남의 생명도 사랑하고 아껴 주어야 한다.
　② 생명을 아끼는 것은 사람이나 곤충이나 다 한 마음이다.

8. 대신념大信念의 생활을 할 일.

　　종교宗敎의 신념은 새 생명을 얻을뿐더러

　　더욱 생명의 연장술이 될 수도 있으며 대안정을 얻을 수 있다.

9. 대화락大和樂한 생활을 할 일.

　　화락한 생활은 생명을 늘 연장할 수 있고

　　바로 조혈助血이 된다.

- 건강은 누워 있는 것보다 앉아 있는 것이 낫고,
  앉아있는 것보다 서 있는 것이 낫고,
  서 있는 것보다 돌아 다니는 것이 낫고,
  그저 돌아 다니는 것보다 취미 있는 일을 하는 것이 낫다.

  그러나 누워서 혹은 앉아서도 정양靜養하여
  건강을 요要하는 이도 있다.

iii 건강법 III

1. 적당한 운동

 요가선禪, 도인법導引法, 법륜대法輪臺

2. 적당한 휴식

 1) 보림함축保任含蓄

 2) 묵언안식默言安息

 3) 오단호흡五段呼吸

 4) 포도잠거抱道潛居,

 −깊이 조용히 들어가 살면서 도를 품어야 한다는 뜻이다.

 5) 괄랑순회括囊順會

 −주머니를 움켜잡고 순리에 따르고 공의에 따른다는 뜻이며

 6) 도광산채韜光鏟彩

 −빛을 칼집에 감추고 문채를 깍는다는 뜻이니, 영문(靈門)이 열리고 지혜가 솟을 때 닫고 감추어야 한다는 뜻이다.

3. 적당한 영양

 물 · 공기 · 음식 · 약

iv 욕심 조절하는 네가지 공부

1. 사람이 명종후命終後 중음中陰에 머물러 있을 때로부터
   부모태중 십개월간이 잠욕기潛慾期인데
   명종할 때 한 생각 욕심으로 떠나게 되면
   잠욕기동안 무형한 가운데 그 욕심이 힘을 타게 되는 것이니
   떠날 때에 한 생각 청정일념清淨一念으로
   옳은 서원誓願을 세우고 떠나는 것이 큰 일이 되나니라.

2. 출생 후 1세로부터 25세 내지 30세까지가
   위태로이 점점 일어나는 발욕기發慾期인데,
   발욕할 때에 제욕制慾하는 법을 알아서 제욕을 하되
   생리적 제욕과 심리적 제욕을 잘 알아서 하여야 할 것이니라.

3. 25세 내지 30세로부터 45세 내지 50세까지가
   불같이 치열하게 일어나는 성욕기盛慾期인데
   그 성욕기에 있어서는 절욕節慾하는 법을 알아서 절욕을 하여야
   그 일생 동안에 큰 위태로움이 없을 것이니라.

4. 50세 이상부터는 편벽되이 염치없이 일어나는 노욕기老慾期인데,
노욕기에는 특히 담욕淡慾생활을 주로 하여야 할 것이니라.

■ 이상 말한 바 발욕기나 성욕기나 노욕기에 있어서
공부하는 법이 여러 가지로되,
첫째는 자기 성질에 맞게 제욕과 절욕하는 법도 있으나
대체로 중도中道를 잡아서 자유자재하게 임욕任慾하는 것을
원칙으로 한다.
한생 동안에 나의 하고 싶은 대로 욕심을 부리고 나면
내세來世에는 보잘 것 없이 되고 말 것이니라.
그러므로 대종사님 법설에는 「한생 동안 재 · 색 · 명예욕만 참고 보면
그 오는 복福을 형언할 수 없다」하셨으며,
또 수양서에도 「구규九竅로 흐르는 정기精氣를 아주 막으라」고 하였으니
이는 정기를 함축하라는 말이며,
또는 장차 크게 쓰기 위하여 금욕禁慾하라는 말인데
금욕은 바로 대욕大慾을 의미하는 것이다.
이 모든 공부가 욕심 조절하는데 있는 것이요,
성위聖位에 오른 분은 바로 욕심 조절할 줄 아는 분이다.
■ 금욕은 기간을 정하고 하는 것도 무방하다.

* 구규九竅 : 사람의 몸에 있는 아홉개의 구멍, 귀, 눈, 코의 여섯구멍과 입, 요도, 항문의 세구멍을 통틀어 이르는 말이다.

Ⅴ 육대(六多) 건강법

1. 다동多動

2. 다정多靜

3. 다접多接

4. 다망多忘

5. 다방多放

6. 다활多活

vi 육소(六小) 건강법

1. 소식다작小食多嚼

2. 소언다묵小言多默

3. 소사다망小思多忘

4. 소의다욕小衣多浴

5. 소욕다허小慾多虛

6. 소심다활小心多活

vii 정양오칙(靜養五則)

1. 크게 안정할 일 (大安靜)

　　마음을 망동妄動하면 일체 병이 더하여 지고
　　마음을 안정安定하면 일체 병이 쉬어질 것이다.
　　그러므로 생사生死가 일여一如한 것을 믿고 깨달아서
　　무슨 방법으로든지 (심고 · 기도 · 송주 · 염불 · 운동 · 노동)
　　해탈과 안정 얻기에 힘 쓸 일
　■ 큰 믿음은 능히 큰 안정을 얻고,
　　큰 안정은 능히 생사를 초월하고 자유할 수 있는 것이다.

2. 음식을 존절히 할 일 (節飮食)

　　한 번 실수가 열 번 잘한 것을 무너뜨린다.
　　일체 병이 음식 부주의로 발생하는 것이니
　　절식節食하는 것을 공부로 할 일
　　음식은 사람에게 제일의 양약良藥이 되는 동시에
　　제일 사약死藥이 되는 것이다.

3. 병과 약을 잊을 일 (忘病藥)

    큰 병은 약으로 다스리는 힘 보다
    자강력自强力으로 다스림과 수양으로 다스림이 효력이 큰 것이니,
    의약을 초월한 심경에서 약을 쓸 일
    병은 장수의 근본이 될 수 있고
    큰 공부의 양우良友가 될 수 있나니
    너무 성내고 조급히 여기는 것이 치병에 제일 꺼림이 되나니라.

4. 보고 듣는 것을 삼가고 적당한 활동을 할 일 (斷見聞)

    보고 듣는 것을 삼가하고 몸에 과로함이 없이
    일심一心으로 취미있는 일을 할 일
    흙은 일체 약의 원료가 되므로
    흙을 가까이 다루는 것이 병을 낫는 영약靈藥이 된다.

5. 사려를 하지 말 일 (勿思慮)

생각을 많이 할수록 병은 더 짙어지는 것이니
치병治病에 대금물大禁物이라,
항상 허심虛心을 주장하고
생각을 다 놓아버리는 것으로써 공부를 일 삼으면
병도 나을 뿐 아니라
그 공력으로 큰 정력을 얻을 수 있는 것이다.
모든 생각을 끊음으로써
불가사의의 위대한 생각을 얻을 수 있는 것이다.

■ 이상 오칙을 공부삼아 하면 대병大病이라도 큰 효력을 얻을 것이다.

ⅷ 건강 기본원리 오대정도(五大正道)

1. 정심正心 – 마음을 바르게 가지라.
   (心臟 - 火), 올바른 정신생활,
   항상 마음을 둥글게 쓰라. 사심邪心은 장수의 적이다.
2. 정식正息 – 호흡을 온전히 하라.
   (肺 - 金). 올바른 숨쉬기(생기生氣로 기체氣滯가 되지 않도록)

3. 정동正動 – 행동을 바르게 하라.
   (脾臟 - 土), 적당한 노동, 알맞은 육체활동

4. 정식正食 – 음식을 적당히 하라.
   (肝 - 木), 적당한 영양분의 섭취

5. 정안正眼 – 수면과 휴식을 적당히 하라.
   (腎 - 水)

ix 정식(正食)의 식이법

1. 자연식自然食

   아침은 담박하게, 점심은 물기 많은 것을

   저녁엔 기름진 것을 먹는다.

2. 조화식調和食

   총 동원한 식사 (오곡, 과일, 채소, 해초, 산채)

3. 완전식完全食

   어떤 식품이나 몽땅 먹는다 (백미보다 현미를)

4. 선택식選擇食

   활동량을 따져 적당량을 먹는다.

x 다섯가지 목욕

1. 일광욕=관광욕觀光浴

2. 해수욕海水浴

3. 삼림욕山林浴

4. 풍욕風浴

5. 삼매욕三昧浴
 1) 입정入定(선정禪定) 삼매
 2) 독서삼매
 3) 사상삼매事上三昧

선 요가

초판 1쇄 인쇄 2010년 9월 16일
초판 1쇄 발행 2010년 9월 17일

발행처 원불교출판사
발행인 김영식

등록번호 제7호(1967. 7. 1)

전북익산시 신용동 344-2 (063)854-0784

원　　저 : 대산 김대거 종사
저　　자 : 김선명 교무 안세명 교무
감　　수 : 손인철 교수(원광대학교 한의과대학교수)